強い日本が平和をもたらす日米同盟の真実

ケント・ギルバート

ワニブックス

はじめに

この本が出る頃にはアメリカの大統領が正式に決まっています。この、「はじめに」を書いているのは２０２０年12月の上旬。まず、この12月上旬の時点で、大統領選がどのような状況だったかということにちょっと触れておきましょう。

私は弁護士です。弁護士ですから、証拠のはっきりしない話は信じませんし、事実として取り上げません。また、もちろん私自身、証拠のないものを確定した事実のように話すこともしません。

当時のマスコミは、民主党のジョー・バイデンが当選したとして、次期大統領のバイデン氏はうんぬん、といった報道や解説にあふれていました。これは嘘です。まだ決まっていない段階ですからミスリーディングでした。

また、ネットにおいては、いわゆる保守派のトランプびいきの人たちが、さかんに民主党・バイデン側の不正行為を書き立ててドナルド・トランプ続投を叫んでいました。

私は「KENT CHANNEL」というYouTubeのチャンネルを持っていますが、大統領選の推移については「報告」というかたちで番組を配信していました。たとえば、ペンシルバニア州での訴訟《そしょう》については米国地方裁判所のマシュー・グラン裁判官の裁定文を紹介して合衆国控訴裁判所などアメリカの司法の仕組みを説明し、弁護士としての見通しを述べました。

すべては法のもとでの話なのですから、法に基づいた話をしなければいけません。トランプの顧問弁護士ルドルフ・ジュリアーニが、彼女は大統領付きの弁護士ではない、と明かして話題になったシドニー・パウエルが起こした訴訟についても、私は「訴因がどのようになっているか」というところからお話ししています。

立場というものをはっきり述べておきたいのですが、私はトランプ支持です。2016年、2020年ともに大統領選挙はトランプに投票しています。

アメリカを、特に国家安全の面で建て直した点でトランプ政権第一期の4年間を私は高く評価しており、続投を願っていました。とはいえ、そうした願望と不正選挙の立証とは違う話であるのは当然のことです。

ひとつ、民主党という政党について、私が懸念するところをお話ししておきたいと思います。バイデンは大統領選中、政治的メッセージとして「統一」ということを盛んに言っていました。英語の「Unity」ですが、「和合」のほうが正しい和訳だと思います。

バイデンのウェブサイトで展開されている「Joe's Vision（バイデンの計画）」は、同党候補指名を争ったバーニー・サンダーズとともにつくった「統一提案」が元になっています。民主党も共和党もなく、世界のみんなで一緒に仲良く頑張っていこう、という考え方がベースにあります。

ところが、民主党のバラク・オバマ元大統領は2020年の11月25日にアメリカのネットメディアに出演し、トランプに投票したヒスパニックに対する批判を行いました。宗教的理由でトランプ側の人工妊娠中絶反対などのテーマを支持し、トランプの人種差別的発言を容認した、という内容の批判です。

何か筋が通った話のように聞こえます。しかし、これは、明らかに宗教の差別であり、トランプの人種差別的発言を批判するようなかたちでの人種差別です。

これに代表されるように、民主党は、統一や和合などは望んでいません。統一や和合といったメッセージは反トランプのコンセプトから生まれたものに過ぎません。トランプへの憎しみが民主党サイドのエネルギーになっているかのようです。

選挙の開票開始以降、トランプ支持者のデモ活動が激しくなり、2020年11月17日には首都ワシントンでトランプ支持者対左派の暴力的な衝突事件が発生しました。トランプ支持者のデモ隊と激突したのは、同年に話題になったBLM（Black Lives Matter、ブラック・ライヴズ・マター）とも重なるANTIFA（ANTI-Fascism、アンティファシズム）の勢力であり、その背後にあるものは民主党です。

BLMやANTIFAがなぜか日本でもてはやされているようです。安易すぎます。BLMやANTIFAが実はどういったグループなのかということも本書で解説しましたので、ぜひお読みください。

アメリカの政権を民主党が担うのか共和党が担うのか、それはアメリカ人が決めることです。ドナルド・トランプの政策は日本に対していい影響を与えるだろう、また、ジョー・バイデンの民主党的リベラルがやはり世界の理想だろう、などといくら思ったところで日本人が大統領選に投票できるわけではありません。

ただひとつ確かなことは、アメリカが民主党政権になろうが共和党政権になろうが、日本は「日本の国益」を追求し、日本の国益を基本としてアメリカの政権を評価し、アメリカと付き合っていかなければいけない、ということです。

日本の国益とは何でしょうか。その根本は安全保障です。国家安全保障こそが国益である、と言っても言い過ぎではありません。そして、現在の日本の安全保障の礎《いしずえ》は、日米安全保障条約によって成り立っている日米同盟です。

簡単に言えば、日本に米軍の基地があり、米軍が駐留して自衛隊との協力体制のもとで日本という国を守っている、という状態が現在の日本の安全保障の実態です。日本人、そして私のように日本で暮らす外国人の、毎日の暮らしと最も身近にある日米関係、しかも、とても濃い関係が日米同盟です。

でも、どうでしょうか。この日米同盟というもの、そして、その基盤となっている日米安全保障条約について、多くの日本人はあまり知らずにいるのではないでしょうか。条約の条文を頭からお尻までちゃんと読んだことのある人はそう多くはないでしょう。

本書ではこれから、条文一つひとつの内容の解説というよりも、日米安全保障条約がいったいどんな意義を持っている条約なのか、日米同盟はなぜ重要なのか、ということを中心にお話しししていきます。

安保条約、日米同盟、軍隊、自衛隊、国防といったことに、どうして一部の、かつ決して少なくない数の日本人がアレルギー反応を起こすのか、そういった話から始めて、なぜ日米安全保障条約が締結されたのか、その歴史的な背景についても解説していきます。

そして、日米安全保障条約が旧条約を含めて70年間存続し、今さらに重要となっているのか、その理由を世界情勢の流れから見ていきます。東西冷戦中は、日米同盟のテーマは対ソ連でした。現在、それは対中国へと移行しています。

また、日米同盟は言うまでもなく日本とアメリカの関係であり、日本人とアメリカ人との関係です。互いに互いをどう見ているのか、どんなところに関係の違和感を感じているのか、また、どんなところに共鳴しているのか、というお話もしています。

本書を通してなにより知っていただきたい大切なことは、アメリカは決して「日本を守ってあげている」わけではない、ということです。アメリカは、そこにアメリカの国益があるからこそ、日米同盟によって日本の安全保障に協力しています。アメリカの国益が見出せなければ、アメリカはただちに日本から離れます。

ただし、日米関係が緩むこと、あるいは日米同盟が消滅してしまうことは、将来的に考えにくいことです。なぜなら、日米同盟は、世界の安定ということに直結している国家関係だからです。

そして、この世界の安定が、日本が経済的にも軍事的にもより「強く」なり、日米同盟をもう一歩前進させることにかかっているということも、本書を通しておわかりいただけることと思います。

２０２０年12月吉日

ケント・ギルバート

序章　世界の安全を脅かす、平和主義者なる人々

第一章 安全保障を日本人が考えない理由

第二章 中国、ロシア、北朝鮮に向き合う自衛隊と在日米軍

第三章 誤解だらけの日米安全保障条約

第四章 日本の美点とアメリカの欠点

第五章 日本の欠点とアメリカの美点

第六章 世界の平和の鍵を握る日本

※敬称につきましたは、一部省略いたしました。
役職は当時のものです。
※写真にクレジットがないものは、パブリックドメインです。

序章

世界の安全を脅かす、平和主義者なる人々

平和主義って、いったい何？

「平和主義」という言葉ほど日本人がよく使う言葉はないと同時に、これほど日本人がよくわかっていない言葉はないでしょう。

あらためてよく考えてみてください。平和主義って何ですか？

戦わなければ平和になるのでしょうか。日本の隣には核兵器を持ち軍備拡充に余念のない、PRC（People's Republic of China ＝中華人民共和国）という国があり、北朝鮮という国があります。そういった国々に対して塀を建てないでいれば平和になるとでも言うのでしょうか。玄関に鍵もかけないでいることが平和につながるのでしょうか。

「平和」という言葉自体に意味はありません。「平和」という言葉に明確な定義などありません。その言葉を使う人の主観だけで決まっていくものです。したがって、「平和」という言葉には、実は意味はないのです。

さらに、ちゃんと知っていて欲しいのは、日本語の「平和主義」は誤訳である、ということです。「平和主義」は、実は間違った翻訳です。

英語に「pacifism（パシフィズム）」という言葉があります。「不戦主義」または「反戦主義」という意味です。この「パシフィズム」を日本語に訳したとき、不戦主義ではなく「平和主義」にしてしまったのです。

ここに、「平和＝絶対に戦わないこと」という致命的な勘違いが誕生しました。勘違いというよりも「願望」と言ったほうが正しいでしょう。軍隊を持たずに戦争のできない国でいれば平和になると言いたい人たちが、不戦主義を平和主義と訳して広めたのです。これは、プロパガンダの一種だと言えるでしょう。

日本国憲法は平和主義憲法だとよく言われます。特に、憲法第9条があるから日本は平和なんだ、と言うわけです。

【日本国憲法　第9条】

日本国民は、正義と秩序を基調とする国際平和を誠実に希求し、国権の発動たる戦争と、武力による威嚇《いかく》又は武力の行使は、国際紛争を解決する手段としては、永久にこれを放棄する。

2．前項の目的を達するため、陸海空軍その他の戦力は、これを保持しない。国の交戦権は、これを認めない。

何度読み返してもこれはひどい条文だと思います。とはいえ誤解のないように付け加えておきますが、私は日本国憲法をまるごと完全否定しているわけではありません。

いずれはすべての条文を見直してGHQ（連合国軍最高司令官総司令部）草案からの翻訳ではない「自主憲法」を制定すべきだとは思いますが、それ自体は緊急課題ではありません。私は講演会などでよく、日本国憲法は、今日の社会に必要なものはだいたい盛り込まれている、機能的でまあまあ使える「既製品」だと言っています。世界のどこにでも通用する汎用的な既製品であることは間違いありません。

ただし、日本国憲法は第9条があることでXYZ状態になっています。「Examine Your Zipper＝社会の窓が開いている」状態です。これではいけません。

憲法第9条は世界には通用しません。「ファスナーを開けっ放しで恥ずかしくないのか」と嘲笑《ちょうしょう》されるだけです。実際、憲法9条のわずか数行の文章は戦後日本を弱体化させ、無用な議論を生んで人々を悩ませ、とりわけ国防を担う自衛隊員に多大な制約と我慢を強《し》いてきました。

外国に対して憲法第9条を臆面もなく誇らしげに語るのは実はとても恥ずかしいことなのだ、ということは知っておいたほうがよいでしょう。

「不戦」を言えば侵略されないのか？

不戦を謳う、いわゆる平和主義の憲法第9条によって、果たして日本は平和になっているでしょうか。日本の人たちの多くは、日本は平和である、と思っています。

では、現在、竹島は韓国との間でどうなっているでしょうか。中国の間で尖閣《せんかく》諸島はどんな状況に置かれているでしょうか。ロシアとの間で北方領土問題はどうなっているでしょうか。沖ノ鳥島をめぐる排他的経済水域問題は北朝鮮、台湾を含む東アジア諸国の間で認識がバラバラです。

これらはつまり、日本の国境がぜんぜん確立していない、ということに他なりません。国境が不安定な国を、普通、平和国家とは呼ばないのです。

宗教家であれば中には不戦主義者がいます。キリスト教の中にも、クエーカーやセブンスデー・アドベンチスト、アーミッシュといった不戦を掲げる宗派の人々がいます。しかし現実問題として、彼らは時々、戦わないために衰亡の危機を迎えます。国家にとっては、不戦主義は、国を非常に危ない状態に追い込む思想なのです。

いわゆる平和主義者とは、何が起きても戦争に参加しないことが高い理想であるかのように考える人たちです。実体は不戦主義であるいわゆる平和主義者の正体は、無責任な楽園主義者です。国境のことひとつをとっても、今この時、すでに日本がどれだけ危ない状況にあるかということがわかっていません。「戦わない」と言えば侵略されないのか。そんなことはありません。それが世界の常識というものです。

国防の上で戦後の日本がなんとかやってくることができたのは、在日米軍と自衛隊の活動によります。この在日米軍と自衛隊を、いわゆる平和主義者たちは敵視します。

しかし、日本がまったく軍備のない丸腰の国になったらどうなるでしょうか。日本に向けてミサイル発射実験を繰り返す北朝鮮や海洋侵略を繰り返す中国の指導者は大喜びするでしょう。中国に至っては、尖閣諸島はもちろん沖縄もただちに占領してしまうでしょう。

そして、この在日米軍の活動を主に規定しているのが、日米安保条約という条約です。正式名称を「日本国とアメリカ合衆国との間の相互協力及び安全保障条約（Treaty of Mutual Cooperation and Security between the United States and Japan）」と言います。

１９５１年（昭和26年）、日本は、アメリカ合衆国をはじめとする第二次世界大戦の連合国側49カ国との間にサンフランシスコ平和条約を締結して国家主権を回復し独立します。同時に旧日米安全保障条約（日本国とアメリカ合衆国との間の安全保障条約）が結ばれ、ＧＨＱとして駐留していた連合国側軍部隊のうちアメリカ軍部隊が在日米軍として残留しました。

日米安保条約は１９６０年（昭和35年）に改正、調印されて新日米安全保障条約となり、10年毎に更新を迎えながら今日に至っています。

アメリカにとってはアメリカの国益のための条約

日米安保条約に基づく日本とアメリカの関係を、一般的に「日米同盟」と呼びます。「日米同盟」という言葉は公式な用語で、外務省のウェブサイトにも「日米同盟は、日本の安全とアジア太平洋地域の平和と安定のために不可欠な基礎。同盟に基づいた緊密かつ協力的な関係は、世界における課題に対処する上で重要な役割を果たす」と概説されています。

同盟とは辞書的には「個人・団体または国家などが、互いに共通の目的を達成するために同一の行動をとることを約束すること。また、それによって成立した関係」という意味です。歴史の教科書で教えられる日独伊三国同盟など軍事同盟の印象が強く、日本は軍隊を持っていないのになぜ同盟？　といった疑問を持つ人もいるようです。

２０１７年（平成29年）に立憲民主党の山川百合子衆議院議員が「日米同盟はいつ始まったのか」という質問を含む質問趣意書を内閣に提出したことがありますが、政府は「日米両国がその基本的価値及び利益を共にする国として、安全保障面を始め、政治及び経済の各分野で緊密に協調・協力していく関係を総称するもの」という意味で「従来から」と答えています。

日米安保条約の第六条の冒頭にはこう書かれています。

日本国の安全に寄与し、並びに極東における国際の平和及び安全の維持に寄与するため、アメリカ合衆国は、その陸軍、空軍及び海軍が日本国において施設及び区域を使用することを許される。

同盟とは、基本的に平等なものです。アメリカが日本に軍隊を置くのは、もちろん、アメリカの国益のためです。

では、アメリカの国益とは何でしょうか。「日本国の安全に寄与し、並びに極東における国際の平和及び安全の維持に寄与する」、つまり、日本という同盟国の安全を保障することがアメリカの国益なのです。

少し乱暴な言い方になりますが、そのついでに日本という国自体が助かっているということです。日本の安全が危うい、つまり日本が弱ければ、世界のパワーバランスが崩れてアメリカが困る、ということで日米安保条約に基づく日米同盟が続いているわけです。国益として合わないのであれば、決して同盟など結びません。

ところが、日本の人たちは、この「国益」というものを考える習慣がないようです。

ドナルド・トランプ

有権者はもちろん、政治家においても、日本独自の国益ということをようやく考え始めたのはつい最近、2017年にドナルド・トランプが米大統領になって国益という言葉を頻繁に使うようになってからのことでしょう。

かつて、日中国交正常化やロッキード事件で有

田中角栄

名になった田中角栄という元首相がいました（任期：1972～1974年）。

田中角栄は国益ということを盛んに言った政治家でしたが、どちらかといえば自分の利益を追求した人のようにも思います。

国益を議論しない日本という国

国益ということを明確に具体的に議論する機会が日本の国会にあるのでしょうか。

2015年（平成27年）から翌年にかけて安保法制の議論が盛んに行われました。どうして安保法制が必要なのか、という質問に対して政府は、「日本を脅威から守るためだ」と答えました。何の脅威から守るのか、という質問は当然でしょう。政府は、「あらゆる脅威から守るためだ」と答えました。つまり、明確および具体的に「中国の脅威から守るためだ」とは言わないのです。私は当時、コメントを求められていろいろなテレビ番組に出演しましたが、他の出演者のほとんど、つまりいわゆる平和主義者の人たちは、何があろうと「中国の脅威」とは言わないのです。

平和主義者に言わせれば、「中国は襲ってこない」のです。大学の偉い名誉教授までがそう言います。名誉教授というのは、名誉と付くだけにすでに終わった教授という意味だということも知っておくべきでしょう。

中には、「中国から守るんでしょ」とポロっと言ってしまう安保法制支持者ももちろんいました。しかし、そういう人は少数でした。

なぜ、「中国が脅威である」と言わないのでしょうか。それはつまり、中国が脅威だと言ってしまうと、安全保障の議論にならなくなるからです。国益の観点が抜けていて、平和、平和とお花畑をスキップしながら童謡を歌っているような人たちばかりなので、「中国は果たして本当に脅威なのか」という議論になってしまうのです。

今となっては安保法制の議論もだいぶ前の話となってしまいました。一帯一路構想の実行や、さらに激しくなる尖閣諸島周辺の領海侵犯、2019年に始まった香港問題、ますます強くなる台湾への威嚇、南シナ海への侵略など、中国はますます脅威になり続けていきます。今現在なら、中国が脅威だということに反対するのは、一部の親中派議員だけでしょう。

中国という脅威について、安保法制の議論の頃には、日本の国民の多くはピンときていなかったかもしれません。しかし今なら、誰でもピンとくるでしょう。日本の人たちもそろそろ、中国の脅威が現実的なものとしてわかってきたと思います。

日米安保条約ができた当初、アメリカは日本をソ連の脅威に対しての防波堤として考えていました。しかし、今の日本は中国の防波堤です。トランプ米大統領は、2020年8月28日の共和党全国党大会における大統領指名受諾演説で「私はアメリカ国民との約束を守り、中国に対して、アメリカ史上、最も厳しく、大胆で、強い打撃を与える行動をとった」と明言しました。「香港自治法」のことを指しています。

中国がアメリカを攻撃することは今すぐにはないでしょう。しかし、中国が日本に対して侵略の野望を持っていることは明らかです。

日本は異質な嫌われもの

日本という国の隣近所は今、どうなっているでしょうか。荒くれ者の北朝鮮、人の言うことを聞こうとしない韓国、ＧＤＰは低いけれども非常に危ない武器を持っているロシア、そして中国、といったところでしょうか。

そんな中にあって、日本は柔和で非常に異質な国だということがおわかりいただけると思います。しかも、どの隣国と比べても豊かな国です。だから嫌われます。

そして、日本はいわゆる「平和」の中にいます。前にお話しした通り、平和という言葉自体、使った本人の主観に過ぎず、法律用語でもありません。何をもって平和というのかわからず、意味をなさないプロパガンダ用語です。

そんな平和主義を標榜する人たちが、安保条約に基づいて米軍が駐留していることによって今の日本が維持されているということを認めたくない気持ちはわかります。しかしそれは中二病に過ぎません。言い過ぎかもしれませんが、誤解を恐れずに言えば、自分にすべてを与えてくれる親に対する反発です。アメリカは好きなのだけれども米軍は嫌い、軍隊は嫌いだということになるわけです。

自分の国を守らなければいけない。私は、そう思わない人が存在することが不思議でなりません。さらには、自分の国を守ってはいけないと思う人までいるのには、呆れてしまいます。

もちろん、多くの日本人は、自分の国を守らなければいけないと思っています。しかし、平和主義を掲げる一部の人たちは、米軍を帰してしまい、自衛隊も武装解除して丸裸になろう、と言っています。これが私には理解できません。単に、危機管理に無知な人もいますが、実際のところ、現在の日本が崩壊し、共産主義国になってもいい、あるいはなることを望んでいる人たちにだまされていると思います。

平和主義＝不戦主義の3つの危険

繰り返しになりますが、日本で言う平和主義は不戦主義のことを指しています。その不戦主義には大きな危険が3つあります。

1つ目は、国際法だけで安全を保障することは不可能であるから国家の存続が危ない、ということです。つまり、不戦主義は国家が滅亡するリスクを負っています。

平和主義者は、国連が守ってくれるだろう、とも言います。何を言っているのでしょうか。日本は国連憲章の敵国条項によって世界から〝敵国扱い〟されている国です。そんな国を誰が守るのでしょうか。しかも、今、国連は中国のいいなりです。現実問題として、国連には日本を守る手段（軍隊など）がありません。

一部の平和主義者は、憲法9条があるからこそ、どこの国も日本を侵略することはありえないと主張します。私は、これが変な黙想に基づいた新興宗教だと思うので「九条真理教」と呼んでいます。それは単なる願望であり、叶わぬ夢にすぎません。

結局、平和主義者は、日本が滅亡してもいいと言っていることになります。ところが、話をよく聞いてみると、彼らは、日本が滅亡してもいいとは言っていません。「アメリカが守ってくれるよ」と言っているのです。

安保条約があって、アメリカはそれで得をしているのだから、日本は守られてしかるべきだ、という意見があります。違います。駐留費の80％を日本が出していると言いますが、米軍自体の人件費と訓練費は払っていません。これでは、日本側の丸儲けと言っていい状態です。

日本は1976年（昭和51年）の閣議決定（三木武夫内閣）以来、防衛費を国民総生産（GNP）もしくは国内総生産（GDP）の1％以内とする方針を事実上踏襲しています。1986年（昭和61年）に第三次中曽根康弘内閣が撤廃を決めましたが、1％を超えたのは1987年度からの3年間のみです。これは、やはり、いけません。トランプ米大統領は、NATO（北大西洋条約機構）の加盟国に対して、2％以上の防衛費をキープしろ、さらに2018年7月には、4％に引き上げろ、と要求しました。

費用の面だけではありません。日本は中国に対して甘い政策を取り続けています。アメリカが可決した「香港自治法」と同じような法律を日本もつくればいいし、中国からの輸入品に関税をかければいいし、孔子学園も禁止すればいいのですが、そういった努力をせずに、ただただアメリカに「尖閣諸島を守ってくれ」と言っているような状況です。

これは、自分は何もせず、アメリカのお母さんたちに対して、あなたたちの子供たちの流血でお願いします、と言っているのと同じことです。

私たちは一生懸命守ろうとしているのだけれども力が足りないので手伝ってくださいと言うのならわかります。しかし、今の日本の状態は、私は引きこもりなんですが、引きこもったままでいたいので、ぜひとも隣の悪ガキから守ってください、と言っているようにアメリカからは見えます。

アメリカは、アメリカの国益となるのであれば、頑張ります。しかし、日本の国益にはなるけれどもアメリカの国益とはならない、ということであれば守りません。安保条約には前文に「両国が極東における国際の平和及び安全の維持に共通の関心を有することを考慮し、相互協力及び安全保障条約を締結することを決意」と書いてあります。

「いやいや、そんなこと言わずに守ってよ」では話になりません。どうしてそうしなければいけないのか、〝アメリカのお母さんたち〟がちゃんと理解できる説明が必要なのです。

共通の国益と共通の努力

平和主義＝不戦主義の大きな危険の2番目は、外国に搾取《さくしゅ》される、ということです。何を搾取されるかというと、3つあります。

まずは「領土」を搾取されます。竹島がその代表的な例でしょう。

竹島は1952年、韓国が、国際慣例を無視して「李承晩《りしょうばん》ライン」を設定して勝手に日本海に国境線を引き、勝手に自国側の領土に取り込んで不法占拠したものです。

これは、日本国憲法の第9条の戦争放棄条項、ならびに当時締結されていた旧日米安

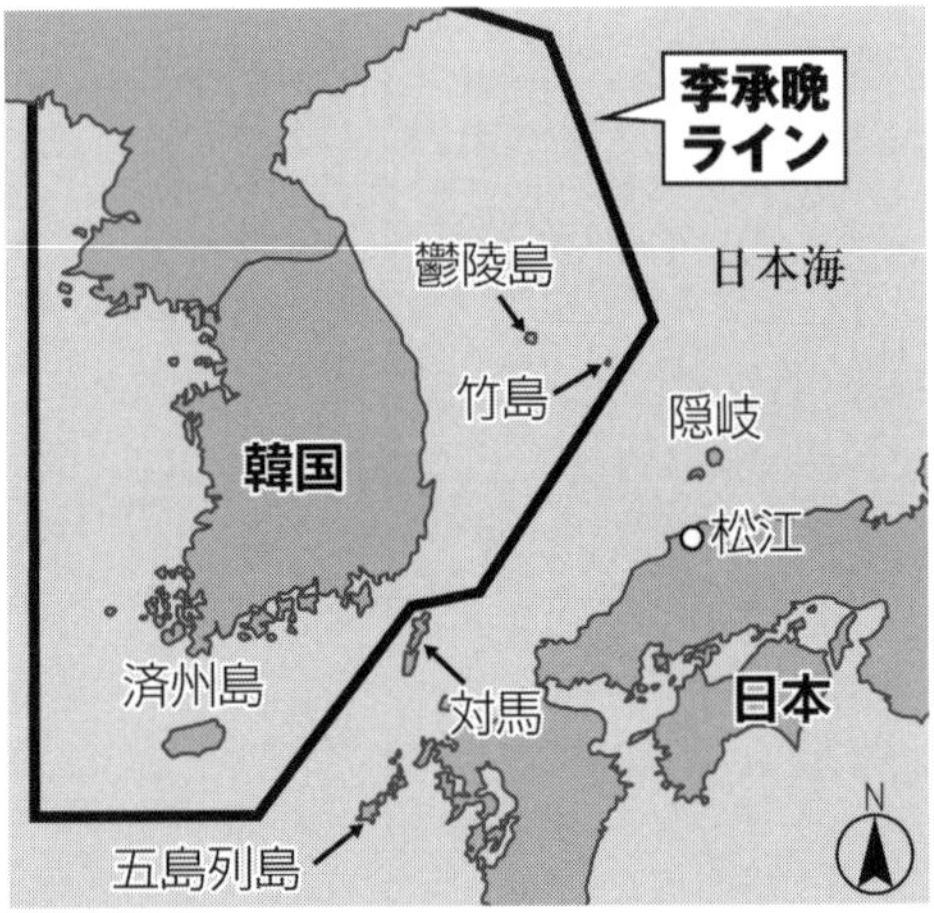

不法占拠した李承晩ライン

保条約にアメリカの防衛義務が明記されていなかったことを韓国が利用したのです。そして、現在、尖閣諸島を中国が実効支配しようとしています。

もうひとつ、不戦主義によって外国に搾取されるのは「名誉」です。中国が主張する南京《なんきん》事件における日本の不名誉がそうですし、韓国がしつこくまとわりつく慰安婦問題の不名誉、徴用工訴訟問題をはじめとするいわゆる強制労働の不名誉がそうです。嘘を平気で利用されるのは不戦主義にその根があります。

そして、北朝鮮においては日本人拉致《らち》事件があります。これは、名誉以上に、国民の貴重な人権と生命が奪われています。

平和主義＝不戦主義の大きな危険の3番目は、同盟国にただ乗りしていると批判される、ということです。憲法第9条は確かにアメリカがつくったものですから歴代の米大統領には言いにくいところがあったものの、トランプ大統領は、「日本はアメリカにただ乗りしている」とはっきりと言いました。それを、けしからん、と日本の政治家や知識人、マスコミは言うわけです。

そういった日本側のクレームは、アメリカからすれば、とんでもないことです。前にもお話しした通り、日本は基地の家賃、光熱費、基地の従業員の給料など在日米軍の直接の費用は払っていますが、軍人の給料は払っていません。もっとも、軍人の給料を日本が払えば、その軍人たちは日本の傭兵《ようへい》になってしまいますからありえないのですが、少なくとも彼らが日本にくるまでの莫大な訓練費はまったく入っていません。ただ乗りしていると言われてもおかしくない状態なのです。

有効活用されていない日米安保条約

平和主義という言葉に疑問を持たない限り、日本は滅亡してもおかしくありません。

今のままでは尖閣諸島を取られてもおかしくないし、仕方がないと思えます。そして次には沖縄を取られるでしょう。

日本は、安保条約を有効活用できていません。ＮＡＴＯにおいては北大西洋条約があるからこそ加盟している国々は同盟国になり、組織されて以来、加盟国のどの国においても領土侵犯は起きていないという実績があります。日本はアメリカと同盟関係にあると言い張るわけですが、同盟というのは、様々な問題はあるにせよＮＡＴＯのように、共通の国益があって、共通の努力をする体制です。

日本はどうでしょうか。国益というものをしっかりと議論し、同盟国たるアメリカと共通の努力をしているでしょうか。

日本は、自衛隊を組織しています。私は、日本の自衛隊員は本当によくやっていると思います。ただし、それを応援する努力が、制度的にもなされていません。

２０１８年（平成30年）に自衛隊のユニフォームが変わりました。自衛隊退職者を中心に活動する隊友会の行事に参加した時に拝見したのですが、とても格好がいいのです。私は、「全員に行き渡るまでどれくらいかかるの？」という質問をしました。すると「10年かかる」と言うのです。予算がないからです。

自衛隊員は国家公務員一般職です。この意味は、自衛隊員という仕事に見合うしかるべき手当がついていない、ということです。米軍の給料体制は、基本給と、他のいろいろな手当でできあがっています。自衛隊にはそれがありません。日本はいったい、自衛隊・自衛隊員を何だと思っているのでしょうか。

先日、私は、情報戦略アナリストの山岡鉄秀さんのツイートをリツイートしました。自衛隊は英語で「Japan Self-Defense Forces」と表記するのですが、それについての疑問として、山岡さんは「いつも思うが、〝self〟は要らない。自衛隊の〝自〟を無理やり訳しているのだろうが、不自然。自軍だけ護るのか？　Japan Air Defense Force で良い。小さいことかも知れないが、こういう所から意識改革を始めるべきだと思う。変な英語はやめよう。自国を守る為の軍隊なのは Defense Force で明らかだ」と言うのです。

確かに self は必要ありません。むしろ、無い

陸上自衛隊 27 年ぶりに制服を一新
© 毎日新聞社／アフロ

ほうがすっきりします。私は、「よく気づきましたね、実現しましょうよ」とコメントしました。

selfというのは、本当に内向きのニュアンスが強いのです。日本語で「自」衛隊はいいかもしれません。しかし、英語の表記にselfを使うのは、やめたほうがいいでしょう。

私は、一般的に、自衛隊員の方々に対する扱いが非常に失礼だと思っています。自衛隊は災害の時に手伝ってくれればいいのだ、という声をよく聞きます。しかしそれは、やってもらって本当にありがたい、という別次元の話です。自衛隊員のもともとの使命は違います。もっと尊敬しなければいけません。

実は改正する必要がない憲法第9条

学校で、日本国憲法の三大原則というのを習ったことと思います。「基本的人権の尊重」「国民主権」「平和主義」です。ここにすでに平和主義が登場しています。何を言っているのでしょうか。意味がわかりません。

永遠に戦争しない、ということで平和主義を原則としているというのであれば、わかります。しかし、それでは、憲法の条文との整合性が取れません。

「平和主義」を三大原則のひとつとして数えているのは、日本国憲法がわかっていない証拠だとしか言いようがないのです。


なぜ平和主義つまり不戦主義が日本国憲法の原則とはならないのかを説明しましょう。

憲法第9条の第一項には「日本国民は、正義と秩序を基調とする国際平和を誠実に希求し、国権の発動たる戦争と、武力による威嚇又は武力の行使は、国際紛争を解決する手段としては、永久にこれを放棄する」と書いてあります。

「国権の発動たる戦争」という言葉に注目してください。これはきわめて特別な言い回しです。

「国権の発動たる戦争」という表現がどこからきたものかご存知でしょうか。これは、第一次世界大戦後の1920年代に、イギリス、フランスをはじめとする当時の連合国が不戦条約についての議論を進めていた時に使われた言葉です。

では、「国権の発動たる戦争」は何を指しているのでしょうか。「国権の発動たる戦争」とは、実は「侵略戦争」のみを指しています。

つまり、日本国憲法第9条で禁止されているのは、「侵略戦争」だけです。すべての戦争を禁止しているわけではありません。戦争というものは大きく分けて、侵略戦争の他に、自衛戦争と制裁戦争があります。「国権の発動たる戦争を放棄する」と言った場合には、自衛戦争と制裁戦争は放棄していないのです。

第9条は第二項で「前項の目的を達するため、陸海空軍その他の戦力は、これを保持しない。国の交戦権は、これを認めない」としています。つまり、侵略戦争のためには持ってはいけないけれども、自衛戦争や制裁戦争のためには「陸海空軍その他の戦力」および「国の交戦権」は持ってもいいということになっているわけです。

したがって、別に第9条は改正しなくていいのです。

このことをわかっていない人が多過ぎます。日本の人たちは、もっとちゃんと自国の憲法を読んだほうがいいでしょう。

自衛権というものは、いくら否定したとしても、また、放棄したとしても国家にはあるものなのです。自衛権は国際法で認知されています。

中には自衛権すら日本国憲法は放棄しているという人もいます。しかし、先に見たように、日本国憲法第9条でさえ、それを否定してはいません。

これは、きわめて大事なポイントです。これをみてもどれだけ自国の憲法をちゃんと読んでいないか、ということがわかります。

日本は、今の憲法第9条のまま、自分の国を守るためにはあらゆる手段を使うことができます。それに米軍は協力する、というのが日米安保条約の基本です。

不戦主義たる平和主義を謳うのは知的馬鹿のすることであって、なおかつ知的怠慢です。インテリなのかもしれませんが、現実がまったくわかっていません。私と私の周囲の仲間は、こういう人たちを「高学歴馬鹿」と呼んでいます。こういった輩《やから》は東京大学といったあたりのいわゆる一流大学からよく出てくるようです。

安保条約とは言うけれども、「平和主義＝不戦主義」と考えている馬鹿が相手ではやっていられません。そういう本音がアメリカにはある、ということは知っておいたほうがよいでしょう。

第一章

安全保障を日本人が考えない理由

米軍による日本駐留開始の理由

あくまでも「事実上」という意味ですが、日米安全保障条約で米軍は日本の「傭兵」になりました。1951年に調印されたサンフランシスコ平和条約で日本は主権を回復しますが、その後も米軍は安保条約の取り決めによって日本に駐留し続けたのです。戦争史上、国家において主権回復後も外国軍が駐留するのは異例なことです。そして戦後すでに75年以上経った現在でも、本来ならば日本がやるべき「国防」ということの相当な部分を米軍が肩代わりし続けています。

1945年の第二次世界大戦終戦後、GHQとして占領政策を遂行する中、アメリカは日本軍を解体しました。しかし、当時、アメリカの本当の敵は日本ではありませんでした。

戦中から戦後にかけてソ連のモスクワのアメリカ大使館に代理大使として赴任していたジョージ・ケナンという外交官が1946年、いわゆる「長文電報」を本国米政府に送ります。ソ連の当時の行動および政策を分析した資料です。

時の米大統領はハリー・S・トルーマンです。トルーマン政権は、ケナンの長文電報によって、それまで親ソでさえあった政策を転換し、ソ連を封じ込める方針を固めました。東西冷戦の始まりです。

アメリカは、本当の敵はソ連をはじめとする共産主義勢力だと気がつき、日本軍の解体がどれほどの愚策だったかを知りました。1950年に勃発した朝鮮戦争において、それが現実的な問題として浮上します。

ジョージ・ケナン

ハリー・S・トルーマン

ソ連が後ろ盾にしている北朝鮮の、南朝鮮つまり韓国への侵攻をアメリカは許すわけにはいきません。北朝鮮の侵略行為を阻止する国連軍というかたちでアメリカは朝鮮戦争を展開しますが、問題は、朝鮮戦争に兵力を投入することによって手薄になる日本国内の治安維持でした。GHQ占領下の日本の国内治安維持は米軍が担っていたのです。なぜなら日本軍はGHQの占領施策によって解体されていたからです。

警察予備隊総隊総監部

警察予備隊の朝礼

警察予備隊（1952年）

朝鮮戦争勃発直後、アメリカを中心とする連合国は日本に「警察予備隊」という武装チームを組織させ、国内治安にあたらせます。朝鮮戦争に注力するから日本国内のことは自分でやってくれ、ということです。「警察予備隊」は１９５２年に「保安隊」に組み直されます。これが、陸上自衛隊の前身です。

サンフランシスコ平和条約の内容の交渉において、実はアメリカは日本に対して再軍備を要求しています。トルーマン政権の国務長官顧問ジョン・フォスター・ダレスが来日し、時の吉田茂首相に対して陸軍兵力30万人想定の再軍備を要求していたのです。

吉田首相はこれを拒否し続けました。憲法第9条を法的根拠としたことはもちろんですが、吉田首相は「再軍備の方針を固めれば国民の猛烈な反対運動が起こって国内が不安定になり、共産主義が入り込んでくることになるだろうが、アメリカはそれでもいいのか」という論調で交渉を進め、基本的に米軍が日本国防の肩代わりをするという日米安保条約の締結に至ります。吉田首相のこうしたやり方を「弱者の恫喝《どうかつ》」と呼ぶ研究者もいます。

吉田茂

ジョン・フォスター・ダレス

当時の吉田首相の方針に対する評価は、日本の研究者や知識者によって様々なようです。確かに、吉田茂以降、その意を継ぐ歴代政権の、財政をできるだけ軍事費に回すことなく経済復興を急ぐ政策によって日本は奇跡的に復興し、１９７０年代の高度成長期を迎え、世界に冠たる経済大国となりました。今の日本があるのはあの時の吉田首相がいてこそだ、という声をよく聞きます。

しかし、私はやはり吉田首相のこの時のやり方には感心しません。吉田首相自身は、再軍備拒否は一時的な方策として行ったもので、経済復興の目処《めど》が立てば、後続の政権が再軍備も実現し、世界標準の普通の国にしてくれるだろうと考えていたようです。しかし、それは現在に至っても実現していません。

日本の政府や国会は、戦後、例外なく日本を真の独立主権国家に戻す努力を怠ってきた、と言うことができるでしょう。今の日本の人たちはますます、この半独立国家状態がいかに異常なことか、情けないことかという問題を忘れ、アメリカに依存する過保護な状態に居心地の良ささえ感じているように見えます。

日本が軍隊を持っていないのはアメリカがそれを許さないからだ、という声をよく聞きますが、これはやはり事実とは違うのです。そこには、戦後日本の復興のためにしたたかに振る舞ってきた政治家たちの姿があるわけです。

国防をあざ笑う馬鹿たち

平和運動家と言われている人たちに多いのですが、冗談のつもりかわかりませんが「アメリカ人は戦争が好きだから……」という皮肉めいた言い方をする人がいます。これが、国防をあざ笑っている、という状態です。「平和ボケ」とも言います。

すべては無知と曲解のなせるワザでしょう。戦争放棄ということになっている憲法第9条は、言ってしまえば、あまりに強過ぎた旧日本軍を潰すための作戦でした。先にもお話ししたように軍備ならびに武装組織については考え方が修正され、警察予備隊、保安隊を経て、1954年に「自衛隊」が創設されますが、国の規模に比較するとその人員は世界主要国の中でも最低水準です。

つまり、これは、一般人の周囲に国防に携わる人がいることが日本では稀《まれ》である、ということを意味しています。また、GHQが行った占領政策によって戦争というものを忌避《きひ》する思想が植え付けられた影響ではあるものの、現代日本には、軍事に関する教育や報道に偏見があります。

アメリカ人にとって、軍隊は、家族や友人の集合体です。戦争になれば、家族や友人が戦地へ赴き、苦しい体験をし、時には命を落とします。

妻の父は、第二次世界大戦に、私の父と伯父は朝鮮戦争に徴兵されました。父が最前線で命を落としていたら、私は今この世にはいません。私自身に軍隊経験はありませんが、18歳の時には徴兵登録を行っています。私は1971年に宣教師として初来日しました。徴兵の抽選結果と戦況によっては、来日せずに、兵士としてベトナム戦争に参加していたことでしょう。

ベトナムのジャングルで戦う自分の姿は想像できませんでした。しかし、選ばれたら精いっぱい戦うしかないと考えていたことは事実です。それがアメリカ人としての義務であるということに何の疑問もありませんでした。

戦争は、家族や友人の心身を確実に傷つけるのです。したがって、アメリカ人に限らず、誰それは戦争が好きだから、などとは口にしないほうが賢明でしょう。たとえば、第二次世界大戦前には、アメリカの世論は戦争を強く拒否していました。戦争を望んだのは時の大統領フランクリン・ルーズベルトです。ルーズベルトは世論を動かすために日本を執拗に挑発して真珠湾攻撃に追い込んだということは、後に公開された公文書の記録によって明らかになっています。アメリカ人も日本人もルーズベルトにだまされたのであり、今もだまされたままの人たちは双方の国に多いのです。

軍人は、祖国や国民を守るためなら自分の命を危険にさらす覚悟を持っています。だから、アメリカ人は誰もが軍人を尊敬し、感謝しています。街中にも、現役退役を問わず軍人割引を行っている商店やレストランがたくさんあります。

そして、日本の自衛隊員もまた、「事に臨んでは危険を顧みず、身をもって責務の完遂に務め、もって国民の負託にこたえることを誓います」という一節を含む宣誓を行って服務している人たちです。

自衛隊員は事実上の軍人です。最近はテレビなどで自衛隊という組織の真摯《しんし》な姿を見る機会も増えていますが、それでも、なかなか身近な存在に感じられないのか、いわゆる平和運動家たちばかりでなく、一般の人たちも、自衛隊員への尊敬や感謝の心は薄いように思います。安保条約によって日本に駐留している在米軍人へのそれは、なおさら薄いでしょう。

自衛隊と在日米軍がなければ、日本に対して侵略意思

フランクリン・ルーズベルト

を持つ国々はただちに武力行使を開始するでしょう。私たち日本に暮らす人間たちの今日そして明日の生活は、この自衛隊と在日米軍の軍事的抑止力によって守られているのです。この現実を、特に、平和運動家と呼ばれる人たちは認めません。

国防をあざ笑う平和ボケの馬鹿たちの言動は、日本を危機にさらします。そして、忘れてはならないのは、日本の危機は、他国が利益を得るチャンスに他ならないということです。平和ボケの馬鹿たちの中には、それを承知で他国に協力して自らの利益を得るために運動をしている人たちもいるのです。

ケント・ギルバートはCIA？

いわゆる平和運動家をはじめとして、現実を認めない人たちは、自分たちの都合に合わせてファクト（事実）を無視します。

そういった人たちから私は、日頃、「ネトウヨ」だとか「歴史修正主義者」、あるいは「アメリカを裏切って日本にすり寄っている」、または逆に「あいつはCIA（アメリカ合衆国中央情報局）のエージェントだ」などと揶揄《やゆ》されているようですが、これは、私の主張の本質を読み誤っているからでしょう。

私はファクトに基づいた、公平で論理的な意見にしか興味がありません。ただし、公平とは言っても、私の場合は日米双方の国の利益にかなう方向に偏ります。ファクトに基づいている限り、主張においては立場によって偏っていいのです。

私は在日アメリカ人です。すでに日本に住んでいる期間のほうが長いのですが、あくまでもアメリカ人であって、アメリカの国益を最優先に考えます。それが国際常識というものです。

空襲後の風景。焼け残った両国国技館
© 近現代 PL/ アフロ

しかし、ファクトの無視は見過ごせません。事実を無視した筋の通らない主張については、アメリカも日本も、国を問わずに批判します。

「『リメンバー・パールハーバー』は米国政府のプロパガンダだった」と主張するのもそれが理由ですし、私は、東京大空襲や原爆投下は戦時国際法に違反する戦争犯罪だったとも考えています。GHQが占領期に展開した「ウォー・ギルト・インフォメーション・プログラム（ＷＧＩＰ）」は、日本の伝統的な価値観を破壊して日本を弱体化させるための政策だったという事実も指摘します。

原子爆弾の投下。左が広島で右が長崎

私の主張に対する平和主義者たちの反応は、ファクトを無視しているために、脊髄《せきずい》反射に近いワンパターンに陥ります。たとえばネトウヨという言葉から一歩も出ないレッテル貼りや揚げ足取り、あるいは感情論や抽象論に終始したり、深刻な問題を、陰謀論や被害妄想で片付けたりします。

このような、大脳を活用しない、つまり論理的ではない反応の元凶はＷＧＩＰに基づく日教組教育の成果でしょう。ＷＧＩＰはアメリカが展開した政策ですから、私には申し訳ない気持ちもあります。

しかし、現代の日本は正しい情報をいくらでも手に入れることのできる国です。ファクトを確かめず、いわゆる平和主義を絶対として、それ以外の考え方をためらいもなく拒絶するのは「怠け者」のすることです。

中国・韓国に迎合する日本のマスコミ

現代の日本は正しい情報をいくらでも手に入れることのできる国、と言いましたが、そこには「自らが望んで努力すれば」という条件が付きます。情報を提供するのがメディアの役目であり、多くの人はテレビや新聞から様々なことを知りますが、それが事実に基づいているとは限りません。

「日本のマスコミは事実に興味がない」

東京・中日新聞で論説副主幹を務めていた長谷川幸洋氏が、共著のための対談中にそう話してくれたことを思い出します。事実に興味がない、ということは、自らの主張のためなら情報の捏造《ねつぞう》もよしとする、ということです。そして、そういった偏向性を持っているマスコミの代表が朝日新聞でしょう。

現在も韓国が国家戦略とし続けている慰安婦問題を後押しするように、朝日新聞が報道していた慰安婦強制連行に関する報道記事が誤りだったことは、すでに常識として、多くの人はご存知でしょう。２０１４年（平成26年）、朝日新聞は朝刊の紙面を割《さ》いて、報道の根拠となっていた吉田清治という人物の証言が虚偽だったと認め、慰安

吉田清治（1985年9月12日）

婦に関する16本の記事の取り消しを表明しました。

　正直に言いますが、私は、旧日本軍による慰安婦の「強制連行」問題を真実だと信じていたひとりです。20万人の韓国女性が慰安婦として強制連行されたというその数は眉唾ものだとしても、朝日新聞やジャパンタイムスがあれだけ熱心に伝えているのだから基本的な部分は正しく、韓国が言うほどひどくはないにせよ日本の軍隊は悪いことをしていたのだろう、と思っていました。

　日本の近代史についてさほどくわしくなかったという背景もあります。私は、長年だまされていたことにやり場のない怒りを感じて、自分の公式ブログに、「朝日新聞へのアドバイス」というタイトルのコラムを書きました。慰安婦記事の取り消しは韓国に大恥をかかせた、千年恨まれることになるから朝日は今すぐ韓国に謝罪と賠償をしたほうがいい、という皮肉のコラムです。このブログが話題になって執筆の依頼がくるようになり、今、様々なところでみなさんとお目にかかっているわけです。

　旧日本軍が数十万人の中国人を大虐殺したという「南京事件」も、１９７０年代に朝日新聞の当時記者・本多勝一が連載した「中国の旅」という記事が定着させたものです。これについても、朝日新聞および本多勝一は、南京事件およびその虐殺性そのものは否定していないものの、写真や資料の誤用を認めています。南京事件については、その存在自体についてさえ政治や歴史学の各方面で論争が続くまま、2015年、中国側の文書がユネスコの世界記憶遺産に登録されてしまいました。

朝日新聞が中国や韓国に迎合するような記事を書き、日本という国を貶《おとし》めるような報道をするのには歴史的な背景があります。

終戦直後の1945年（昭和20年）9月18日、朝日新聞はGHQから2日間・48時間の発行停止命令を受けます。GHQの占領政策にそぐわない記事を載せたためですが、これを機に朝日新聞は変節し、GHQに媚びるようになります。戦前の朝日新聞はきわめて体制寄りの新聞でした。

GHQは9月19日に通称「プレスコード」、正式名称「日本に与うる新聞遵則《じゅんそく》」を発令します。遵則は、「朝鮮人への批判の禁止」「中国への批判の禁止」をその内容に含んでいました。このプレスコードを、朝日新聞労働組合初代委員長の聴濤克巳《きくなみかつみ》という人物が自らのイデオロギーのために利用します。聴濤は、日本共産党のエリート党

聴濤克巳・産別会議議長
© 毎日新聞社 / アフロ

員でした。聴濤は、右寄りでさえあった朝日新聞を左翼へと変節させます。

聴濤はその後国会議員になりますが、レッドパージで公職追放され、中国に渡航。現地で「北京機関（日本共産党在外代表部）」を組織して、「自由日本放送」という地下放送局を開設します。「自由日本放送」は中国の対日プロパガンダに加担しました。実際的に中国に加担する人物が朝日新聞から出ているのです。

今も続く朝日新聞の左翼偏向、親中親韓偏向は、この時期の変節をそのまま引き継いでいるものでしょう。若手の記者が、社会主義的・左翼的・反体制的ではないバランスのとれたまともな記事を書くとベテラン記者に潰される、とも聞いています。

第三者団体の日本ＡＢＣ協会が監査して認定した発行部数のことをＡＢＣ部数といいますが、２０２０年（令和２年）５月度の発表で朝日新聞は昨年度から43万部、部数を落としました。部数の減退は新聞業界全体の傾向なのですが、それでも朝日新聞は、ＡＢＣ部数７７０万部の読売新聞に続き、表向きの数字であるにせよ５００万部強を誇る日本の大新聞です。つまり、日本で多くの人々に読まれている新聞が、きわめて強い偏向性を持っている、ということです。

BLMで日本のマスコミが伝えていないこと

朝日新聞に限らず、日本の大手新聞各社およびテレビ局各社は、おしなべて、いわゆる平和主義的です。平和主義を利用して脊髄反射的に体制批判を繰り返すことでビジネスしているメディアばかりだと言ってもいいでしょう。

いわゆる平和主義は、メディア側に「報道しない自由」という理屈さえ与えます。自分たちの主張にとって都合の悪いことは報道しない、ということです。

２０２０年、アメリカで起こったＢＬＭ（Black Lives Matter、ブラック・ライヴズ・マター）という運動が話題になりました。「黒人の命は大切」などと訳されて日本のメディアでは紹介されました。

運動は、５月にミネソタ州のミネアポリスで黒人男性を白人警官が膝で首を押さえつけ死に至らしめた事件をきっかけとして起こりました。日本のメディアでは、アメリカの人種差別問題を中心に、いかにアメリカの警察官が黒人コミュニティーへの暴力を繰り返してきたか、という問題として取り上げました。

ＢＬＭの運動は２０２０年が最初ではありません。２０１２年2月にフロリダ州で、17歳の黒人青年が白人の自警団員に撃たれて死亡する事件があり、団員は殺人罪で起訴されたものの翌年に無罪となりました。この件に対する抗議運動中、女性３人がＳＮＳ上で「#BlackLivesMatter」というハッシュタグを使って運動を盛り上げていったことから始まりました。

日本のメディアは、ここまでのことは伝えています。しかし、ＢＬＭの創始者である３人の女性、パトリス・カラーズ、アリシア・ガーザ、オーパル・トメティがどういった人物であるかについてはほとんど報道していません。

アーチスト・団体オーガナイザーの肩書を持つカラーズ、ライター・活動家の肩書を持つガーザ、人権活動家の肩書を持つトメティの３人は、筋金入りの共産主義者です。カラーズは、２０１５年、モーガン州立大学のジャレッド・ボールという教授が聞き取りしたインタビューの中で、「私たちは熟練のマルクス主義者であり、熟練の組織者である」と述べています。また、カラーズは２０１８年に『When They Call

You a Terrorist：A Black Lives Matter Memoir』（彼らがあなたをテロリストと呼ぶとき：ＢＬＭ運動回想録）という本を出版していますが、その出版インタビューでも、マルクス主義のイデオロギーへのシンパシーを語ったということです。２０２０年６月には、ＣＮＮのインタビューに答えて「私たちの目標はトランプを追い出すことだ」と述べています。

　カラーズは、ロサンゼルスの労働社会戦略センターという機関で共産主義の活動訓練をみっちりと受けてきた人物です。カラーズの指導にあたり、また、今も活動をともに続けているのが、労働社会戦略センターを創立したエリック・マンという人物。マンは左翼活動をすでに半世紀ほど続けてきている運動家であり、マンが関わっていたザ・ウェザー・アンダーグランドという団体はＦＢＩから国内テロ団体として指定されています。

ＢＬＭ運動。シアトルのデモ（2017年）
©AP／アフロ

　もちろん、中には純粋に人種差別を訴える人たちのデモ活動もありますが、ＢＬＭを標榜する限りは、こういった人物とそのイデオロギーおよび組織の指導下にある運動です。

そして、BLMを資金的に援助しているのが、政治運動家としても知られる投資家のジョージ・ソロスです。ソロスが創設したオープン・ソサエティ財団は2020年7月、「Racial Equality（人種的平等）」の推進のためにとして、2億2千万ドルを投資すると発表しました。ソロスは、「アラブの春」をはじめ、世界中の反政府抗議運動を支援してきた人物です。

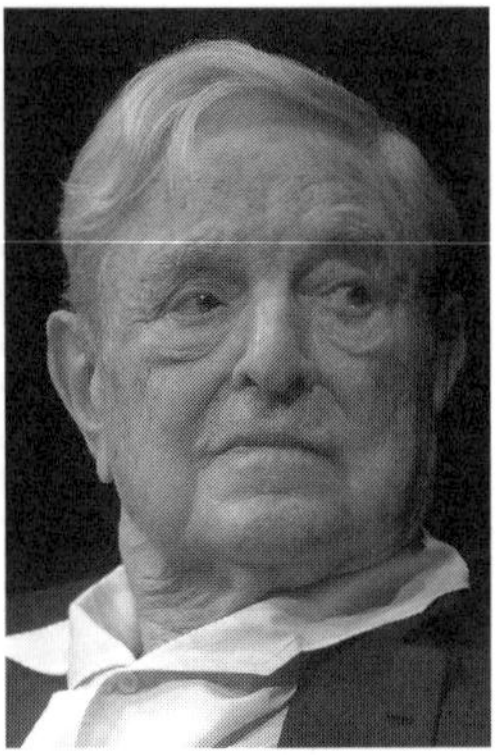
ジョージ・ソロス

日本のメディアは人種差別問題、言ってしまえば耳に聞こえの良いところだけを伝えます。しかし、その背景にある重要な問題、つまり共産主義およびテロリズムについて語ろうとはしません。

ANTIFAというテロ思想

共産主義とは、どういう思想でしょうか。大事なところだけを言いましょう。共産主義の目的は、武力による革命です。

国家を混乱に陥れて暴力による革命を実施し共産主義国にするという、つまり、自由主義国家の転覆が共産主義者たちの目的です。共産主義を世界に広めて世界統一することが使命だと共産主義者たちは考えています。

平和などといったこととは関係ありません。パワープレイの世界であって、そこにあるのは、誰が実権を握るのか、誰が独裁者となるのかという闘争だけです。ソ連、中国、東ヨーロッパ、北朝鮮の歴史を見ればわかる通り、かつて共産主義がもたらしたのは不平等と大量の死者と不自由だけです。日本のいわゆる平和主義者の中には、共産主義を主とする左翼思想にこそ平和の鍵があると考えている人たちが多くいらっしゃるようですが、勘違いもはなはだしいと言えるでしょう。

黒人が死亡した件による抗議デモでは、ＢＬＭとともに、「ＡＮＴＩＦＡ」という存在も話題になりました。トランプ米大統領がツイッターで、名指しで「Terrorist Organization（テロ組織）」と批判した存在です。赤と黒の旗を組み合わせたロゴマークをシンボルとしています。

ＡＮＴＩＦＡは、「ANTI-Fascism」を略したものです。訳せば「反ファシズム」「反ファシスト」で、全体主義に反対する、という意味です。ＡＮＴＩＦＡ自体の歴史は古く、１９３０年代のドイツに始まっています。

ＡＮＴＩＦＡは、組織というよりムーブメントとして捉えるべきものです。ＡＮＴＩＦＡという考え方があり、その思想に共感する組織や運動団体がある、という感じです。ＢＬＭもまた、ＡＮＴＩＦＡの一環として存在する組織体だと考えていいと思います。

反ファシスト、全体主義反対、と言えば聞こえがよく、いわゆる平和主義の人たちが飛びつきたくなる気持ちはわかります。通称・しばき隊という反人種差別団体の販売による「ANTI-Fascism」のロゴをあしらったＴシャツを嬉々として着る議員や運動家の人たちの数年前の写真がネットで拡散されていました。

ＡＮＴＩＦＡに賛同すると表明することがいったいどういうことなのか、単にファシズム反対というムードめいたことだけでＡＮＴＩＦＡを掲げているのだとすれば、それがどれだけ物事をわかっていない馬鹿であることを自ら触れ回っていることになるのか、ちょっと説明しておきましょう。

先にお話しした通り、ＡＮＴＩＦＡのロゴマークは赤と黒の旗を組み合わせてできています。この２つの旗は、１９３０年代の発祥当時は、両方とも赤色でした。

この赤が何を示しているかというと、共産主義と社会主義です。つまり、ＡＮＴＩＦＡはそもそも、国家を共産主義化あるいは社会主義化しようとする革命運動です。

現在、一方の旗が黒色に変わっています。赤はそのまま共産主義です。では、赤から変わった黒は何を意味しているのでしょうか。なんと、アナーキズムつまり無政府主義です。現代のＡＮＴＩＦＡは、発祥当時よりもさらに過激に共産主義の実現を目指す思想となっているのです。

トランプがテロ組織だと名指しした意味がおわかりになるでしょう。共産主義の実現を無政府主義をもって目指すのですから、ＡＮＴＩＦＡを掲げたデモ活動が暴動と破壊、略奪に

現代の ANTIFA。赤（上）と黒の旗を組み合わせたロゴマーク

２本の赤旗は社会主義と共産主義を表す。1930 年代のドイツの反ファシスト運動のロゴマーク

走るのは当然です。

ＡＮＴＩＦＡによる「反ファシスト」の理屈はこうです。警察の出動を潰そうとするのは、警察がファシストだからです。通りの商店を破壊して略奪するのは、商店が資本主義のファシストだからです。彼らは、自分たちが気に入らないもの、つまり革命と共産主義化をはばむものにすべてファシストのレッテルを貼って排除しようとします。たとえば、２０２０年8月の共和党全国大会でトランプ大統領は「法と秩序」ということを盛んに言いました。ＡＮＴＩＦＡにとっては、トランプが「法と秩序をもって、アメリカ国民が尊厳を持ち、安全で平和に暮らせるよう、その権利を必ず守る」と述べること自体が独裁行為であって、トランプを潰す理由になります。なぜなら彼らは無政府主義を掲げているからです。

ＡＮＴＩＦＡの行動原理はダイレクト・アクション（直接行動）です。物事の解決のためには、話し合い、つまり議論は無駄。警察の力を借りたり、適当な法律をつくってもらうこともまったく無駄。手段を問わず、自らが直接的に動く。効果があれば何でもいい、対人対物の犯罪は何でも許されるし、人命さえ奪っていい、という思想で動きます。

このような思想原理が生き続けているのは、アメリカ民主党の分断政治の「成果」であると言うことができます。国民の生活状態を分けに分け、それぞれを被害者に回していって対立を煽り、被害者の救済という課題をつくり出していくことで政治を動かす作戦は、アメリカ民主党ばかりでなく日本を含めた世界中の左翼政党が伝統的に得意としているところです。被害者である以上、その被害の原因を壊滅するために戦わなければいけないし、戦う使命があるとＡＮＴＩＦＡは考えるわけです。

警察批判の目的は法と秩序の解体

黒人男性が死に至った事件が、アメリカ史上最大級の運動になったのは、批判の対象が警察だったからだと言うことができます。警察に対する批判は、ＢＬＭが発足当初から掲げているテーマでした。Defund the police、つまり「警察の予算を Defund（デファンド。減らすこと）して、教育など他の部門に回し、黒人コミュニティや緊急対策に直接投資すること」を提唱し続けてきました。

もちろん、中には、純粋に人種差別撤廃の観点からこういったテーマを主張するグループもあります。しかし、BLMが筋金入りの共産主義者たちに指導されている組織体である以上、その背後には、ANTIFAの思想原理があります。

彼らはなぜ警察批判に熱心なのでしょうか。ANTIFAは、警察の予算を極端に減らして最終的には解体、刑務所も廃止し、収容している囚人はぜんぶ解放して過去の犯罪の記録をすべて抹消すると堂々と言っています。

アメリカ各地で起こった暴動のロケーションを見ると、そのほとんどが、民主党が政治的支配力を持っている州や都市、街であることがわかります。ミネソタ州のミネアポリスはミネソタ民主農民労働党が非常に強い勢力を持っている都市として知られていますが、ミネアポリスでは、すでに警察解体の決議案が8対1で市議会を通っています。ミネソタ州を含む、ヤンキーダムと呼ばれているアメリカ北東部のエリアは、こうした左翼的リベラル思想教育が浸透している地域です。

ANTIFAの思想原理が警察を排除したいのは、彼らのダイレクト・アクションを邪魔する存在だからであることは歴然です。ただし、警察がいなくなるとどういう状態になるのかという問題がANTIFAにとっても存在します。

2020年8月、ウィスコンシン州のケノーシャというところで黒人の抗議参加者が17歳の白人男性に射殺されるという事件が起きました。抗議活動は、黒人が白人警察官に背後から撃たれたことに端を発していました。

抗議活動が暴動化したとき、ケノーシャの警察は州兵の出動を要請しました。しかし、手違いで州兵要請が本局に届かず、警察だけでは対応できずにたいへんなことになりました。

その時に立ち上がったのが、民間人による武装組織である現地ケノーシャのミリシア、つまり民兵です。17歳の白人男性は、この民兵の一員でした。彼は、報道陣に対して「ケノーシャの建物を破壊から守ることが自分の仕事だ」と語っていたといいます。

１９９２年のロサンゼルス暴動の時に、暴動によって破壊されなかった店がいくつかありましたが、それらはみな韓国系の、銃で武装していた店だったということはよく知られています。店を破壊しようとする暴徒に対して上からポンポンと銃撃したわけです。

つまり、警察を解体すると、銃社会のアメリカでは民兵が発生します。だから、民主党をはじめとする左翼勢力は銃の規制を叫ぶのです。一般国民の非武装化は、共産主義国家ならびに社会主義国家の必要条件だからです。

南アメリカのベネズエラ・ボリバル共和国は２０１８年、ニコラス・マドゥロ大統領政権下で統一社会党による一党制を確立しました。

以来、悪政と経済的混迷が続いていますが、このマドゥロというどうにもならない独裁者をなぜ引き下ろすことができないかといえば、一般市民の手元に武器がないからです。

ニコラス・マドゥロ　©ロイター／アフロ

ベネズエラは、かつて男性の死亡原因の一位が銃殺とさえ言われていた国であり、銃規制の強化が叫ばれ推進されている国です。

アメリカがイギリスから独立できたのは自分たちの手元に武器があったからだということをアメリカ人は知っています。銃はアメリカという国の秩序そのものに大きく関係しているのです。

共産主義勢力から国を防衛するための日米安保条約

日米安保条約ができた当初は、アメリカは、日本をソ連の脅威に対しての防波堤として考えていたが今は中国の驚異に対抗するための存在として考えている、ということはすでにお話ししました。

中国も、自国の中でおとなしく共産主義をやっていれば、まだよかったのです。中国は第二次世界大戦直後の混乱を利用して、火事場泥棒的にチベット、ウイグル、内モンゴルを手に入れました。それでもアメリカでは、中央において、中国は覇権主義ではないと考える時代が長く続きました。経済が豊かになれば民主化するだろうということで中国の世界貿易機構加盟を推進したのはアメリカの経済界です。

中国は、侵略などは考えていないと言いながら、表向きにはベトナム戦争に参戦してはいないもののベトナムという地域の奪取をちゃんと狙っていましたし、北朝鮮を属国化しています。そして現在、国際機関を利用することを覚え、特に国連を活用してハイテク関係の委員会を牛耳《ぎゅうじ》り、自分たちの覇権主義を進めようとしています。

2020年4月には、世界中が新型コロナウイルス禍《か》で苦しみ始める中、南シナ海の

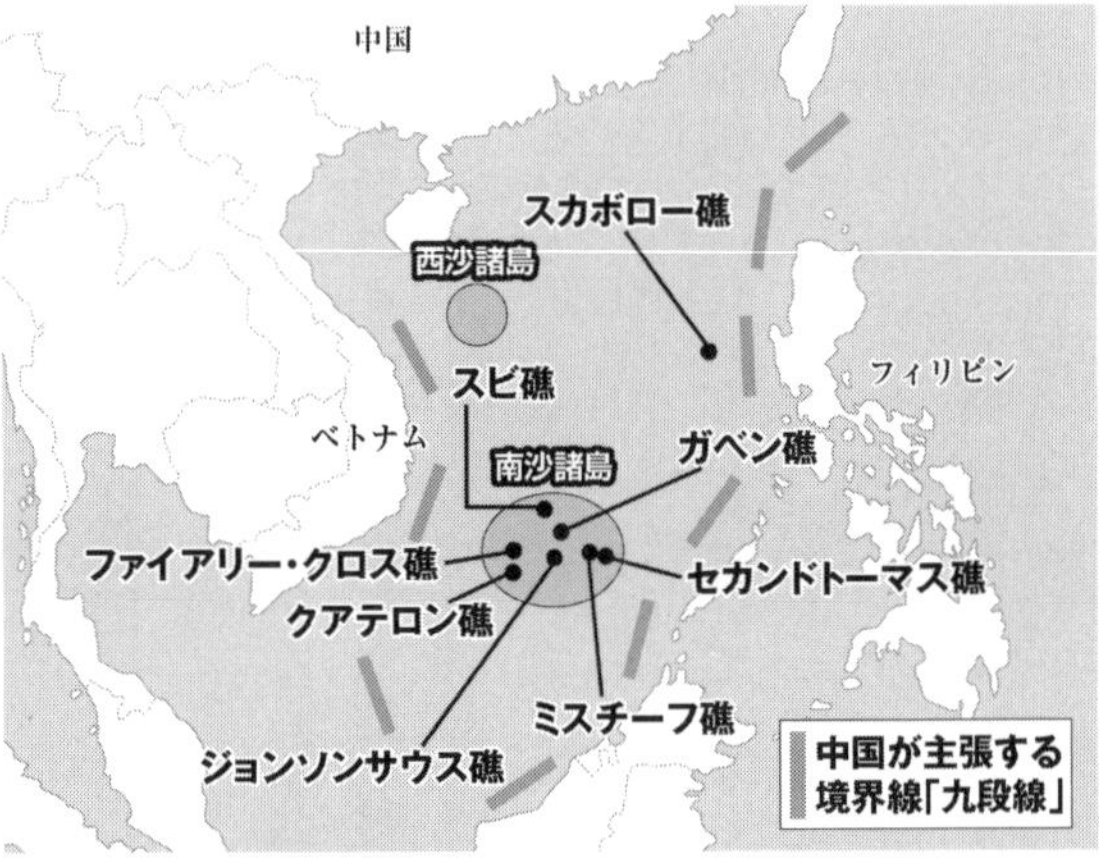

中国の南シナ海実効支配の図

諸島に新行政区を設置する方針を明らかにしました。

ちなみに、南シナ海はかつて日本の管理下にありました。1939年（昭和14年）に時の平沼騏一郎《きいちろう》内閣が新南諸島の領有を宣言して当時日本領だった台湾の高雄市に組み込みんだのです。国際法上、日本の主張は正当だと認知され、実効支配を続けました。実は、この管理が解除された事実がありません。日本側が放棄したわけでもなく、考え方によっては、南シナ海は今も日本が管理するべき場所だと言うこともできないわけではありません。おもしろい話だと思います。

すでにお話しした通り、共産主義勢力の考え方およびやり方は、ある意味で緻密で賢く、さらには原理主義的で残酷です。

南北戦争の英雄ロバート・E・リー像

平沼騏一郎

たとえば、2017年にバージニア州のシャーロッツビルで、南北戦争の英雄ロバート・E・リー将軍の銅像撤去に反対するために集会を行っていた右系グループの群衆に車が突っ込み、死者が出るという事件がありました。現地には、右系グループの集会に反対するためにANTIFAを掲げる人たちも集まっていました。

トランプ大統領はこの事件について、「シャーロッツビルには、リー将軍の銅像を倒したくないというだけの、いい人たちもいたはずだ」とコメントしました。ANTIFAは、これを、トランプは白人至上主義者を容認し擁護した、と解釈しました。

トランプ大統領の真意は違います。白人至上主義者でない人たちもそこにいたはずだ、銅像が好きだというだけの人たちもいたはずだ、気の毒だ、と言っただけです。

当たり前のことを言ったように聞こえますが、実はこれはＡＮＴＩＦＡの思想原理をまったくわかっていない発言です。

ＡＮＴＩＦＡを掲げる人たちは、トランプの真意などはわかっています。それを利用することを考えるのがＡＮＴＩＦＡです。

誤解するふりをして戦い続ける理由をつくり、今度は政府のトップ、トランプに対して牙を向けるのです。おそらく、ＡＮＴＩＦＡはトランプの発言を知って、この人はまったくわかっていない、潰せるな、となめてかかったはずです。日本の、保守と言われている政治家も言論人も、シャーロッツビル事件についてのトランプ大統領のコメントのまずさというものがあまり理解できていないようです。

私たちは、中国はいうまでもなく、共産主義というものを脅威だと思わなければなりません。しかし、日本人の多くは、共産主義がどれだけ怖いものなのか、やはりわかっていないようです。

新型コロナウイルスについても、世界中が中国共産党に対して怒っているにもかかわらず、また、日本国内がこれほど苦しんでいるにもかかわらず、日本は中国に対して怒りを向けません。中国共産党が新型コロナウイルスを隠蔽《いんぺい》しなければ、今回の不幸は何ひとつ起きなかった可能性が高いのです。

新聞やテレビをはじめとするマスコミも、新型コロナウイルスを中国の責任問題と関係づけて議論することはほとんどありません。特にテレビのワイドショーなどは、パニックを煽るだけのことを今も続けています。

ロックダウンを日本は行いませんでしたが、長い引きこもり生活の結果として、ストレスによる自殺者が増え、家庭内暴力が蔓延し、コロナ離婚などという問題も発生しているのは世界中で見られる現象です。

自粛と社会活動はバランスの問題であり、このバランスを取るのが政治家の仕事のはずでしたが、アメリカも日本も、初期段階では科学者の話ばかりを聞くばかりでした。そのくせ、科学者は言うことがコロコロと変わりました。ウイルスの真実をつかめず、何もわかっていなかったからです。無理もありません。中国がまったく情報を公開しないからです。

危機を危機と感じないまま、目前のビジネスだけに目を向けていると、中国の侵略が着々と進み、いつのまにか後戻りのできないところにまで来てしまう可能性があります。直近の問題として具体的に考えれば、尖閣諸島と沖縄は危機の真っ只中にあります。

2020年の7月、在日米軍のトップであるケビン・シュナイダー司令官がオンラインで記者会見を開き、「ここ100日から120日の間、中国はいまだかつてないレベルで日本の領海に侵入している」と述べた後、「尖閣諸島の状況についてアメリカが日本政府を助ける義務をまっとうする」と明言しました。これは、今までにない種類の発言です。トランプ大統領でさえ、「我々は日本の後ろにちゃんとついている」とまでしか言っていないのです。

ケビン・シュナイダー

シュナイダー司令官の発言は、アメリカがここにきて、さらに、どれだけ中国による日本侵略を脅威として政策を練っているかがよくわかる発言です。

日米安保条約は、自衛隊と在日米軍の力によって、日本とアメリカを共産主義勢力から、特に今は中国という国から身を守るために存在しています。日本の人たちは、そのことをもっとはっきりと認識する必要があるでしょう。

平和主義では、ますます、今現在を議論できないのです。

第二章

中国、ロシア、北朝鮮に向き合う自衛隊と在日米軍

危険な位置にある日本列島

地理的な条件が政治のあり方を左右すると考えて、問題を分析したり戦略をたてたりすることを地政学といいます。20世紀初頭に現れた学問だとされています。

地政学的に見たそれぞれの国家の状態や問題は時代によって変わります。世界情勢と、周辺の国家がそれぞれの国益をどのように考えているかによって変化するわけです。

地政学的に、日本列島は現在、たいへん危険な位置にあります。その危険度が確実に表面に現れてきたのは21世紀に入ってからです。日本にとって危険な存在とは、もちろん、中国です。

2008年の3月にアメリカの上院軍事委員会で、米太平洋軍総司令官ティム・キーティング海軍大将が興味深い証言を行いました。前年の5月に、中国の海軍高官から「現在我々は空母開発を進めている。将来、太平洋を分割してハワイから西を我々、東をアメリカが管理して情報管理をしてはどうか。アメリカの手間も省けるだろう」と提案されたというのです。

当時、ワシントンタイムズなどがこの件を報道していましたが、アメリカの中にも、いわゆるパンダハガーと呼ばれるような親中派の政治家もいて、提案を前向きに受け止めようという声もあったといいます。直接提案を受けたキーティング海軍大将は即答で「No Thanks」としたそうです。中国の太平洋分割案は、おおかたは笑い話のように受け取られました。

しかし、中国にとってこの提案は笑い話ではなく、計画は着々と遂行されていました。2012年に中国は自国初の航空母艦「遼寧《りょうねい》」を完成させます。そしてその翌年の2013年6月、習近平《しゅうきんぺい》国家主席が時の米大統領バラク・オバマと公式に会談を行い、その中で「太平洋には米中両大国を受け入れる十分な空間がある」と語ったことは、日本のメディアでも盛んに報道されました。この会談は8時間

中国初の空母「遼寧」海軍に引渡し
©ロイター／アフロ

バラク・オバマ、習近平による米中首脳会談。カリフォルニアで2日間開催（2013年6月7日）
©ロイター／アフロ

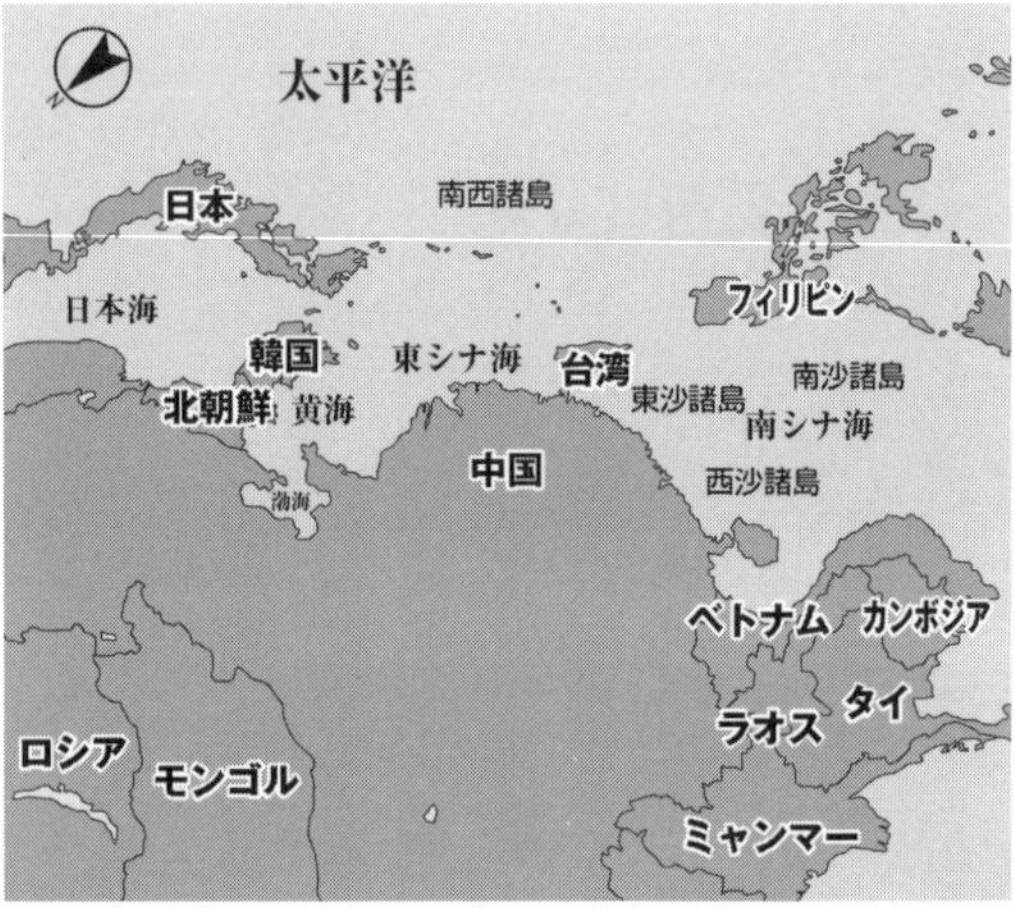

中国からみる太平洋

にも及んで話題になりましたが、その中で習近平は、尖閣諸島上陸を黙認するよう要請したとも噂されています。

歴史的に見て、数千年来中国大陸に興っては消えていった帝国の数々が、内陸には侵攻を進めるものの、太平洋に対して野心を向けたことはありません。あからさまに太平洋に対する欲望を語り、南シナ海での軍事行動を見ればわかる通り計画を実行に移したのは、現在の中国共産党が独裁する中華人民共和国が初めてです。

そんな状況の中で、日本列島は、どのような地理的位置にあるでしょうか。世界地図を、東を上にして、中国大陸から太平洋を望んでみれば、これはたいへんだ、と誰もが思うでしょう。太平洋侵出をもくろむ中国にとって、日本列島は邪魔な壁そのものです。出口をぴったり蓋をしてしまって

中国	813,675 人（構成比 27.7%）	（+6.4%）
韓国	446,364 人（構成比 15.2%）	（-0.7%）
ベトナム	411,968 人（構成比 14.0%）	（+24.5%）
フィリピン	282,798 人　（構成比 9.6%）	（+4.2%）
ブラジル	211,677 人　（構成比 7.2%）	（+4.9%）
インドネシア	66,860 人　（構成比 2.3%）	（+18.7%）

「令和元年末現在における在留外国人数について」（法務省）
（http://www.moj.go.jp/nyuukokukanri/kouhou/nyuukokukanri04_00003.html）を加工して作成

います。中国が、日本列島を我が物にしたいと考えるのは当然でしょう。

我が物にするためにはいろいろな方法があります。大きく分けて、軍事的に武力で侵略して政権を奪取する直接統治と、国家はそのままにしておいて工作をしかけ、内部を腐らせて思い通りにしてしまう間接統治の２つがあります。

金銭的・経済的に牛耳ったり、自国に有利な思想を相手国民に植え付けて我が物にしてしまう間接統治は、日本においてて、すでにかなり進んでしまっているのではないでしょうか。在日中国人の数を見ても、法務省の統計発表によれば、２０１９年末の時点で81万３６７５人。この数字は世界一です。

そして、中国には２０１０年に施行した「国防動員法」という法律があります。国防動員法では、「中国国内で有事が発生した際には、全国人民代表大会常務委員会の決定のもとで動員令が発令され、18歳から60歳の男性と18歳から55歳の女性が国防義務の対象者となる。国防の義務を履行せず、また拒否する者は、罰金または、刑事責任に問われることもある」ということが規定されています。

つまり、日本を敵対象とするような有事が起こった際には、日本国内にいる80数万人の在日中国人が一斉に中国のために敵対行動に動き出すということです。

首尾は上々、準備万端整っている、といったところでしょうか。そして、直接的な軍事行動として、南シナ海への軍事進出があり、尖閣諸島での領海侵犯行動があります。海上保安庁の発表によれば、2020年の1月から8月、新型コロナウイルス禍の最中にあって、領海侵犯の中国

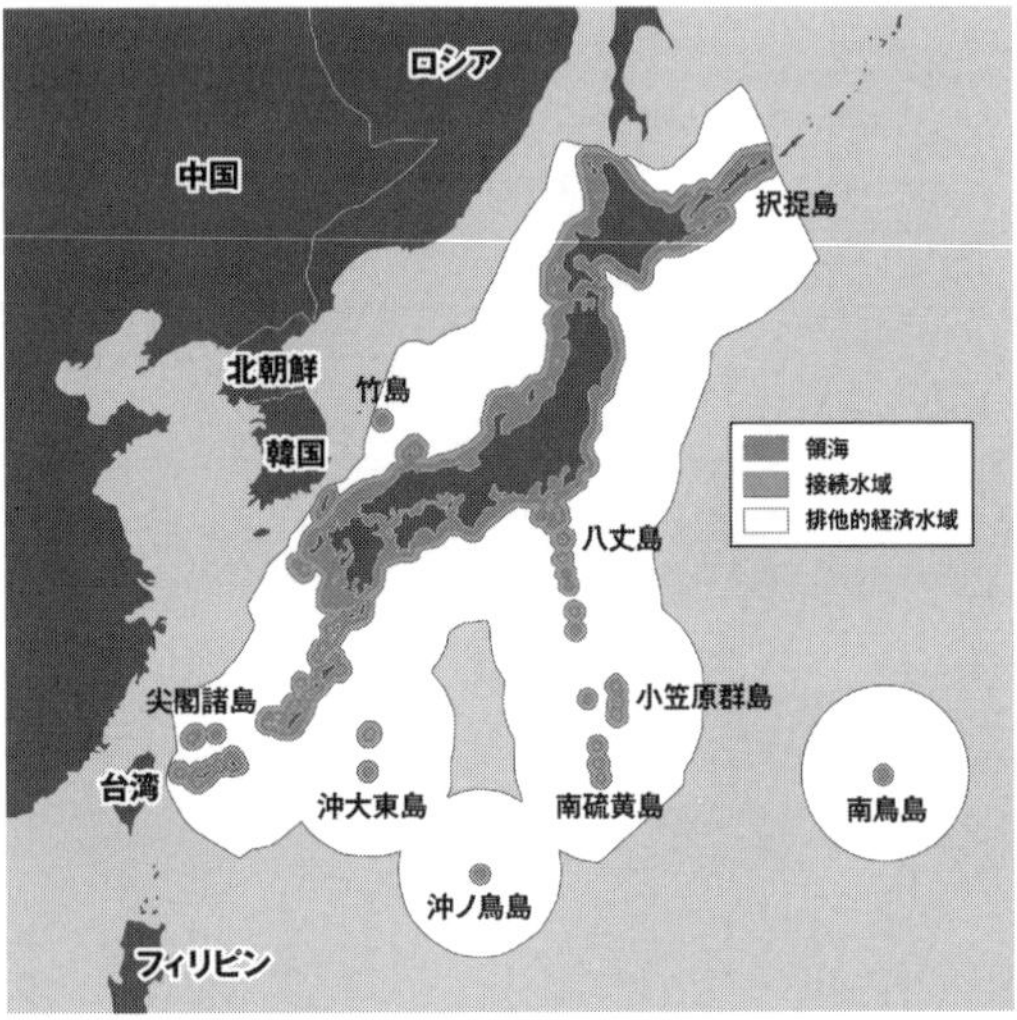

日本の領海の図

船は873隻で、初めて領海侵入が起こった2008年12月以来、過去最多となっています。

日米安保条約はこうした事態のためにこそあり、自衛隊と在日米軍は今この時も、そのために活動しています。

尖閣諸島は、行政区としては沖縄県石垣市に所属します。尖閣諸島の次に中国が狙うのは当然、沖縄本島です。沖縄は、地政学における日本の要《かなめ》だと言っていいでしょう。

そんな沖縄は今、どうなっているのでしょうか。

沖縄は世界平和の要石

まず、私は沖縄が大好きだ、という話をしたいと思います。私は1975年に、沖縄国際海洋博覧会でアメリカ館の案内係を務めました。約7カ月間を、米空軍嘉手納《かてな》基地の宿舎で暮らしました。

先に、直近の中国の危機についてお話ししましたが、当時の沖縄は、対ソ連対策としてのアジア戦略における重要な拠点でした。ソ連や北ベトナムなどの軍事施設を偵察する任務を帯びて、ロッキードSR－71という超音速戦略偵察機が盛んに発着していました。離着陸の騒音は確かに凄まじいものがありましたが、私はその時、それだけ重要な沖縄という場所にいることを誇りに思ったものです。

こうした体験があるためだと思いますが、私には、沖縄に対して「サンダーバード」のイメージがあります。１９６０年代にイギリスのＢＢＣ放送が放送していた大人気人形アニメです。世界中で人命救助活動を行う国際救助隊・サンダーバードの秘密基地は南国の美しい島にありました。沖縄が、それに重なったのです。

２０１５年前後のことでしょうか、自衛隊はサンダーバードになったらいい、という声がネットで盛んに聞かれたことがありました。いわゆる平和主義の人たちは、サンダーバードと、陸海空軍や海兵隊など戦時には敵を殺すことが仕事になる軍隊とでは真逆の存在だと考えるようです。

しかし、それはまったく浅い考えです。世の中で最も効果的な人命救助は、戦争や内紛を抑止することです。その中には、圧政を行う国を牽制する制裁も含まれます。

強い軍隊が持つ戦争抑止力は人命救助そのものだと言えるのです。

なぜなら、20世紀以降の地球では、事故や災害で失われた人命より、戦争や内戦、

ヨシフ・スターリン

毛沢東、スターリンの生誕70年を祝う式典にて

独裁的な政権による圧政で失われた人命のほうが多いからです。

ナチス・ドイツはユダヤ人６００万人を殺し、ソ連のヨシフ・スターリンは自国民を中心に約2千万人を殺害しました。

中国の毛沢東《もうたくとう》は１９５０年代から70年代にかけての大躍進政策および文化大革命で、政策の失敗による餓死を含めて2千万から5千万人の自国民を殺しました。

沖縄は、日本だけではなく、アジア全体の平和を守る要《かなめ》石《いし》です。沖縄の人々は、今、米軍基地が存在することによる危険や騒音を受忍しながら平和に貢献しています。

沖縄の人たちは、まさに、先の戦争で日本を守るために戦った英雄たちとその子孫です。私は最大限の敬意を表します。

基地反対運動についての在日米軍の思い

沖縄はたいへん重要な場所ですから、当然、様々な思惑が入り込みます。自衛隊と在日米軍ががっちりと守っている状況を弱体化しようとする思惑です。沖縄では、連日、いわゆる平和主義が掲げられて、基地反対運動が展開されています。

中核派や革マル派といったテロ組織と考えられている組織の人たちも沖縄に入り込んでいます。関連出版物を堂々と配っていますからわかります。私は沖縄の基地反対運動を見ていていつも思うのですが、いったい何に反対しているのか、米軍基地に反対しているのか、それとも基地という軍事施設があることに反対しているのか、米軍の存在に反対しているのか、軍隊というものに怒っているのか、それとも日本政府に文句が言いたいのか、よくわからないところがあります。とにかく混乱を引き起こして、最終的には共産主義革命につなげたいだけの運動のようにも見えます。

沖縄県の行政府自体まで運動に取り込まれていることが、細かい事実からもわかります。自衛隊退職者によって構成される隊友会が主催する会合で講演した時、現役の自衛官数人とお話をする機会がありました。私が、「沖縄で差別を受けたことがありますか」と質問したところ、「ある」と言うのです。住民票の移動がまず受け付けられず、手続きに何カ月もかかった、というのです。彼らの子供たちは、沖縄で、しばらくは公立の学校に通えないことにもなります。そういった、自衛隊員に対する非礼があるのは事実です。数年前の、つい最近の話です。

また、こういった事例もあります。在日米軍は大きな訓練をする際には計画書を作成し、沖縄県にも届け出を出します。すると、訓練当日、訓練の実施場所に至る道がデモ隊であふれかえっている。つまり、県職員の中に、デモ隊に情報をリークしている人がいるのです。

あくまでも個人的に聞いた話ですか、こうした状況に在日米軍の人たちはかなりイラついていると言います。訓練もさせずに、俺たちにどうやって日本を守れと言うのか、ということです。言ってしまえば、沖縄県自体、ひいては日本政府が日米安保条約による国防の実施を阻止しようとしているわけです。

沖縄に行くので、在日米軍の出勤をゲート前で阻止しようとしているデモ隊の様子を写真と動画で撮りたいのだけれど、と現地の知人に相談したことがあります。毎朝いつでもやっているからなんとでもなりますよ、という返答でした。米軍は一年中サマータイムなので7時くらいに行けばいい、と言うのです。

どうして毎日毎朝、反対運動が展開できるのでしょうか。デモ隊参加者に給料が支払われるからです。その証拠について、私はちゃんと入手しています。反対デモに参加する人たちの中には、主義主張ではなくお金を目当てにしている人が少なからずいます。

こうしたことは、アメリカにもあります。私の故郷のユタ州はたいへん穏やかな土地柄ですが、それでもデモが行われることがあります。私の知人女性がデモを見に行ったところ、顔見知りの人がたくさんいた、という話を聞きました。彼女は看護師で、拘置所へ仕事に行くことがあります。その拘置所に勾留されていた人たちがたくさんいたというのです。彼女が、どうしてこんなところにいるのか、と尋ねると、「なんだか知らないが100ドルくれると聞いたから来た」と答えたそうです。

こうした費用は、そのほとんどは、先にもお話しした、投資家にして政治運動家のジョージ・ソロス等から発しているものです。沖縄の運動については誰が出しているのか、といえば、次のように考えれば答えは出るでしょう。

沖縄の軍事拠点が弱体化し、日米安保条約にもとづくアジア全体の平和が揺らぐことを誰が望んでいるのでしょうか。沖縄が混乱することで得をするのは誰でしょうか。中国に決まっています。沖縄における反対運動の費用は、途中に隠れ蓑《みの》が幾重にも使われていますが、最終的には中国共産党が出しているはずです。

中にはもちろん、主義主張によってデモ活動をしている人たちもいますが、沖縄では、お年寄りがお年寄りたることを利用されて参加させられている場合もあるようです。いくらなんでも、現地の治安機関はお年寄りを拘置所に入れるようなことはしたくないからです。彼らには弁当代まで出て、沖縄県庁の前からバスで送り迎えされます。

口外はかたく禁じられていますから、安保条約の運営委員会である日米合同委員会の中で話し合われる内容がマスコミに出ることはありません。在日米軍も決して口にはしませんが、漏れ伝えられて聞こえてくる声をもとに代弁すれば、自分の国を守る意思のない連中のためにどうして自分たちの人生とアメリカの国費を費やさなければいけないのか。本音として、こういった思いはあるはずだと思います。

しかし、なぜ、日本人の中に、日本を守ることに関心がないどころか日本という悪い国などなくなってしまえばいい、と考える人がいるのでしょうか。なぜ、日本が好きだなどはとんでもないと考え、日本を貶めることに熱心な人がいるのでしょうか。

『知床旅情』など、大ヒットメーカーとして知られるシンガーソングライターの加藤登紀子さんが１９７４年（昭和49年）に『週刊朝日』に寄せたエッセイの中に、次の一節があります。

《日本という言葉を発するときに、たえず嫌悪の匂いが私の中に生まれ、その言葉から逃れたい衝動にかられる》

私はこれを知った時、たいへん驚きました。しかし、これが１９７０年代の日本の文化人、インテリと呼ばれる多くの人たちの共通意識です。こう考えることがカッコよかったのでしょう。そして、朝日新聞はいまだにそういう論調ですし、現在でも、テレビの一部のコメンテーターなどは一貫してこの調子です。加藤登紀子さんは西洋史を学んで東京大学を卒業されています。また、夫の藤本敏夫氏は学生運動の指導者として知られ、生涯を共産主義思想にシンパシーを感じて活動された方です。

日本に対する嫌悪感とは、主に、戦前の日本は軍国主義だった、領土拡大の欲望のために戦争を起こし、近隣諸国に迷惑をかけて人命を奪い、日本国民を無理やり戦地に送り込んで苦しめた、という思いから発しています。

日本は本当にそういう国だったのでしょうか。日本の近代史については現在かなり研究が進み、各視点からの見解が出されています。

確かなことは、戦後の日本人は外国の力によって、日本は悪い国だと思い込まされた、ということです。思い込ませたのは、GHQとして日本を占領していたアメリカです。憲法第9条を日本に押し付けたのもアメリカです。これは事実ですから、アメリカ人である私も直視しなければいけませんし、このファクトに基づいてお話ししていかなければいけません。

日本は嫌いだと言う人が日本で生き続けられる理由

日本に、日本は悪い国だったという思い、いわゆる自虐史観を植え付けることは、アメリカをはじめとする連合国の占領政策の一環でした。アメリカの対日占領戦略とは、「日本を二度とアメリカにとっての脅威とはしない」ということです。

日本は明治維新以来、欧米列強諸国に追いつこうとしました。そうしなければ日本列島が欧米の植民地と化すだろうことは目に見えていたからです。日本は日清・日露の二度の対外戦争に勝利し、第一次世界大戦でも戦勝国側となり、列強諸国の一員になりました。

そして第二次世界大戦における日米の激突で、アメリカは日本軍に苦しめられました。イメージだけではない、死を恐れない日本兵の敢闘精神に恐怖を覚えたのです。

一方で、日中戦争を展開していた中国の国民党は、アメリカを味方とし続けるべく、日本人は昔から戦争が大好きな民族である、というプロパガンダを打ち続けていました。アメリカは「日本人は好戦的な民族だから軍隊が強い」という前提で占領戦略を練ったのです。

占領政策は日本人の思想を変えることに重点が置かれました。そこで導入されたのがＷＧＩＰ（War Guilt Information Program、ウォー・ギルト・インフォメーション・プログラム）です。訳せば、「戦争についての罪悪感を日本人の心に植え付ける宣伝計画」ということになるでしょう。

ＷＧＩＰの存在が日本で初めて明らかにされたのは、政治的発言も盛んに行っていた文芸評論家の江藤淳氏が『文藝春秋』に連載し、単行本としては１９８９年（平成元年）に出版された『閉された言論空間』という論文においてです。江藤氏は、この政策の存在の根拠はGHQの内部文書にあるとしていましたが、結局、その内部文書は公開されずにいました。

私は、WGIPという言葉は以前から聞いていましたし、日本の様子を見れば、そのような政策が展開されたことは確実だろうと思いました。しかし、根拠となる資料が入手できずにいたので、その間、私はWGIPという言葉は使用せずにいました。

近代史研究家の関野通夫氏が2万5千点のWGIP文書の中からタイトルに「War Guilt Information Program」とある文書を発掘し、『日本人を狂わせた洗脳工作 いまなお続く占領軍の心理作戦』（自由社ブックレット）で紹介したのは2015年のことです。WGIPについての公文書は日本国内で保管されていました。眉唾だとも言われていましたが、WGIPの存在の事実は今では明らかとなっています。

GHQはWGIPに基づき、ラジオや新聞で流す情報を検閲しました。国民の間で交わされる書簡についても検閲しました。また、『眞相はかうだ』（NHKラジオ、1945年12月9日から10回放送）などの番組を制作指導しました。さまざまな情報手段を使って、「先の戦争は日本が悪かった」「連合国は日本を懲らしめた良い国々」「愛

連合国軍最高司令官総司令部が入った第一生命館（1950年頃）

国心は戦争につながる悪い心」というメッセージを送り続けて洗脳工作を行ったのです。

先に、サンフランシスコ平和条約の交渉においてアメリカは日本に再軍備を要請していた、というお話をしました。その通り、実はアメリカの占領政策は朝鮮戦争を境に、日本にも対ソ連・対共産主義対策としての軍事強化を迫るというものに変わっています。しかし、これはジレンマでした。日本に共産主義がはびこるのも困るが、軍事強国になるのも困るということです。アメリカでは現在、共産党は違法とされていますが、日本では違法化まではなされずに今でも存在しています。理解しにくい現実にはそういう背景があるのです。

サンフランシスコ平和条約をもってＧＨＱの占領は終了しましたが、ＷＧＩＰはそのまま放っておかれました。そして、いまだに日本の大手メディアと教育界は、後生大事にその教えを守り続けています。ＷＧＩＰを金《きん》科《か》玉条《ぎょくじょう》のものとして、自虐史観で物事を語り続け、多くの日本人の体質とでも言うべきものとなった軍事アレルギーを正しいこととして扱い続けています。

その背景には、ＷＧＩＰの実施にともなう様々な現象が利権化してしまった、ということがあります。

ＷＧＩＰに基づいて行われた情報検閲では、英語が得意な日本人検閲官５千１００人余りが高給で雇われました。占領終了後、彼らは、マスコミ界、教育界へと散っていきました。戦後ＮＨＫ初代会長の高野岩三郎は、日本人検閲官のリーダー格だったとされる人物です。同胞を検閲していたということを正当化するためには、ＷＧＩＰを頑なに遵守する以外にはないでしょう。

また、朝鮮戦争時期に反共に転換してレッドパージを行う以前は、ＧＨＱは共産主義勢力にシンパシーの強い組織でした。日本共産党も、占領政策に都合のいい政党として優遇されています。１９４６年（昭和21年）の公職追放では、戦前の日本を指導した人たちが重要職を次々に追われ、その間隙《かんげき》をぬうように、共産主義思想を

サンフランシスコ平和条約に署名する吉田茂と日本全権委員団

高野岩三郎

持つ人々が、大学をはじめとする、特に教育機関に入り込んでいきました。彼らは、逆に、自らの主張と保身のためにＷＧＩＰを利用しました。

２０２０年（令和２年）10月、日本学術会議の会員候補１０５人のうち６人を菅義偉《すがよしひで》総理が任命しなかったことが話題になりました。その理由は明らかにされていませんし、明らかにする義務も政府にはありません。

日本学術会議は、その公式ウェブサイトで《内閣総理大臣の所轄の下、政府から独立して職務を行う「特別の機関」として設立》された、《我が国の人文・社会科学、生命科学、理学・工学の全分野の約87万人の科学者を内外に代表する機関》であると説明されています。この日本学術会議が、２０１７年（平成29年）に、次の内容を含む声明を発表しています。

《日本学術会議が１９４９年に創設され、１９５０年に「戦争を目的とする科学の研究は絶対にこれを行わない」旨の声明を、また１９６７年には同じ文言を含む「軍事目的のための科学研究を行わない声明」を発した背景には、科学者コミュニティの戦争協力への反省と、再び同様の事態が生じることへの懸念があった。近年、再び学術と軍事が接近しつつある中、われわれは、大学等の研究機関における軍事的安全保障研究、すなわち、軍事的な手段による国家の安全保障にかかわる研究が、学問の自由及び学術の健全な発展と緊張関係にあることをここに確認し、上記2つの声明を継承する》

日本の中枢においてＷＧＩＰが確固として継承されているということが、事実としておわかりいただけるでしょう。

いわゆる平和主義は、日本の伝統の中で日本人の心に自然に醸成されたものではありません。アメリカによって意図的につくられ、その後、日本を弱体化することで利益を得る勢力に利用され続けてきたものです。

発端となったアメリカの人であるあなたがあれこれ言うな、という声があることはもちろん知っています。しかし、言うなれば、だからこそ私は事実に基づいた発言を行い、「日本よ変われ」「頑張ってくれ」と発信し続けてもいるのです。

平和主義と性善説

つくられた平和主義ということとは少し違うのですが、日本人の特質として、おおむね「性善説」に立つというところがあります。まずは他を悪人だとは考えない、という性質です。これは国内においてはとてもいいところだとは思うのですが、外交においては感心しません。

特に、現在日本にとっての大きな脅威となっている中国に対して性善説でありすぎます。先に国防動員法についてお話ししました。有事になれば在日の中国人は敵対する工作員へと変わります。そのこと自体には実は問題はありません。中国共産党独裁であり、党の方針次第でそういった法律をつくることのできる国ですから仕方がないのです。問題は、そういった法律の存在を日本人の多くが知らないということ、または知っていても危機感を持っていないということにあります。

性善説から抜け出せずに危機感を持てないのには、まず、マスコミに大いに責任があるでしょう。

国防動員法のテストだったという説がありますが、2008年、北京オリンピックの聖火リレーを迎えた日本の長野県で、「長野市で4月26日に行われた北京五輪聖火リレーで、沿道を埋め尽くした中国人による日本人らへの暴行事件が起きていたことが分かった」（産経新聞・5月4日付）という事件がありました。後から主にネットを通じて伝えられた事実は、長野市に4千人ほど押し寄せた中国人が暴徒と化し、現地を恐怖で混乱させて、数十人の日本人が負傷した、という驚くべきものでした。

4千人に及ぶ中国人は、組織的に集められたものです。特に留学生にはすべて中国大使館から国旗が送付され、何日の何時何分に善光寺前に集合しろという指示があったそうです。あっという間に全国から4千人が集合し、指示通りに暴徒と化すのです。

テレビや新聞で、聖火リレーで騒ぎがあった、ということは伝えられましたが、中国人が暴行したと書いたのは産経新聞だけでした。ほとんどの日本のマスコミは、これを対中国の問題として扱わなかったわけです。この件の報道ばかりではありませんが、中国の悪行を悪行のままに報じると北京の支局が閉鎖になって困るという忖度《そんたく》もそこにはあるようです。もう少し勇ましい姿勢が必要でしょう。

2012年に時の野田佳彦民主党政権が尖閣諸島を国有化した時には、中国各地で官製デモ、つまり中国政府指導による大規模デモが発生しました。日本人が経営する商店をはじめ、大規模な破壊と略奪は、パナソニックやトヨタ自動車販売、ジャスコなど大手の中国進出企業の施設に及びました。

にもかかわらず、日本国内で、中国人の経営する商店や関係施設を日本人が襲ったという話は聞きません。日本人の民度の高さを証明してもいる、素晴らしいことです。しかし、一方で、やはりこれは危機感のなさを物語っているものではないかという疑問も生じるわけです。

中国の軍拡を招いた日本

中国の巨大なマーケットを重要視して、経済的に豊かになれば自ずと民主化するだろうという目論見《もくろみ》のもとでアメリカは中国を甘やかし続けたという話はすでにしました。そして、日本もまた中国を甘やかし、その結果として今の危機に至っているということは知っておくべきでしょう。

中国は正式には中華人民共和国、英語表記でPeople's Republic of China、略してＰＲＣといいます。本書では中国と表記していますが、私は、ＰＲＣという呼び方をすることのほうが主です。「中国」と言った場合には、戦前の「中国」も含んで考えられてしまいますから、この項では、現代の中国をＰＲＣとしてお話しします。

ＰＲＣは、アジア唯一の国連常任理事国です。しかし、国連常任理事国とは本来、第二次世界大戦の戦勝５カ国（アメリカ、イギリス、フランス、ソ連（現・ロシア連邦）、中華民国）でした。ＰＲＣは１９４９年10月の建国で、終戦時には存在していませんでした。国連加盟も１９７１年です。

建国宣言を朗読する毛沢東

大戦時の「中国」は、蔣介石《しょうかいせき》が率いた国民党政府の「中華民国」です。後にＰＲＣを建国した毛沢東が率いていた中国共産党軍はゲリラ組織の域を出ていませんでした。国民党軍と内戦していたわけです。

戦勝国とはされていますが、中華民国は政治的な理由でそう扱われただけです。戦後、ＰＲＣは左翼勢力特有のロビー活動の巧みさで中華民国を国連から追い出し、常任理事国の地位を得て戦勝国を自称している、ということです。

中国共産党軍を率いる毛沢東は、戦後の国共内戦で国民

紅衛兵の歓呼に答礼する毛沢東
（1966年8月）

党軍に勝ってＰＲＣを建国するに至るわけですが、ゲリラ組織に過ぎなかった中国共産党軍がなぜ国民党軍に勝つことができたのかという疑問の中に日本が登場します。

第二次世界大戦の敗戦によって、中国大陸で作戦を展開していた日本軍は武装解除されます。ソ連にすべての軍事物資、装備を接収されたわけですが、ソ連は日本から接収した軍備を中国共産党軍に与えました。また、大陸に残留した日本人のうち、軍人、医師、看護婦らが強制連行されて、中国共産党軍に軍事戦略および軍事技術、医療知識と技術の提供を強いられました。これによって中国共産党軍は医療班も率いる近代的軍隊となり、国民党軍に勝利したのです。

ＰＲＣは建国のそもそもから日本に世話になった国です。その後、日本は１９７９年以降、「中国の改革・開放政策の維持・促進に貢献すると同時に、日中関係の主要な柱の一つとしてこれを下支えする」（外務省ＨＰより）ために、ＯＤＡ（Official Development Assistance、政府開発援助）を拠出し続けます。

２０１９年に対ＰＲＣのＯＤＡは終了しましたが、40年間で、技術協力を含めて計３兆６５００億円余りの金をＰＲＣに渡しました。朝日新聞をはじめとする大手マスコミのほとんどはこれを「インフラ整備などを通じて中国の近代化を支えてきた」と説明していますが、確かにそういう時期はあったにせよ、少なくとも、あくまでもＰＲＣの発表ですが２０１０年度の実績でＧＤＰ世界第二位となってからはその説明は意味をなしません。日本のＯＤＡが何に費やされたのかは推して知るべしでしょう。

日本は、いわば、ＯＤＡという甘いミルクを飲ませてＰＲＣを甘やかして育てた継母です。甘やかされて育った子供は今、嘘と金と暴力で世界を混乱させています。日本の、ＧＤＰの１％枠という主要国最低レベルの軍事費算出方針の問題も、そうした背景を踏まえて責任論としても考えるべきことでしょう。

日本人の多くは、ＰＲＣの歴史を知らなさすぎます。大躍進政策や文化大革命、天安門事件、大気圏内核実験などによる犠牲者は、数千万人に達すると考えられています。

そして、こうした、人を殺すということの考え方が違う勢力の侵略に対して抑止を続けているのが、日米安保条約に基づく、自衛隊と在日米軍の軍事活動なのです。

荒くれ者の北朝鮮

人を殺すということの考え方が違う勢力としては、中国よりもさらに近い位置に北朝鮮という国があります。

社会主義国家である北朝鮮は史上最悪のファシズム国家だとよく言われます。一般人民は貧しい生活を強いられ、大量の餓死の情報も、もちろん北朝鮮は否定するものの伝わってきます。そんな北朝鮮で、なぜ暴動が起こらないのか、革命運動がなぜ起こらないのか、という声をよく聞きます。ありえません。金一族の王朝に対するそういった疑いを少しでもかけられれば、たちまち、凄まじい殺され方をします。

2013年、国防委員会副委員長だった張成沢《チャンソンテク》が「国家転覆を目論んでいた」という罪状で処刑されました。処刑に使われたのはヘリコプターを撃ち落とすための高射砲です。2015年、朝鮮人民軍の最高位にあった玄永哲《ヒョンヨンチョル》が、「軍事イベントで居眠りをして金正恩《キムジョンウン》の指令を遂行しなかった」として処刑されました。これにも高射砲が使われています。

2013年に殺された張成沢は金正恩の叔父です。叔父でさえ高射砲で粉々にするのが北朝鮮という国なのです。

「朝鮮民主主義人民共和国は、偉大なる首領・金日成《キムイルソン》同志と偉大な金正日《キムジョンイル》同志の思想および指導を具現した主体（チェチェ）の社会主義祖国である。偉大なる首領・金日成同志は朝鮮民主主義人民共和国の創建者であり、社会主義朝鮮の始祖である」

これは、北朝鮮の現行憲法の序文冒頭です。つまり、北朝鮮のポリシーは、金王朝の存続です。金王朝を存続させるためならば、国民がどれだけ餓死しようが、財政を軍事費に回すのが第一の方針ですし、事実、それができるのが、金一族独裁の北朝鮮という国です。

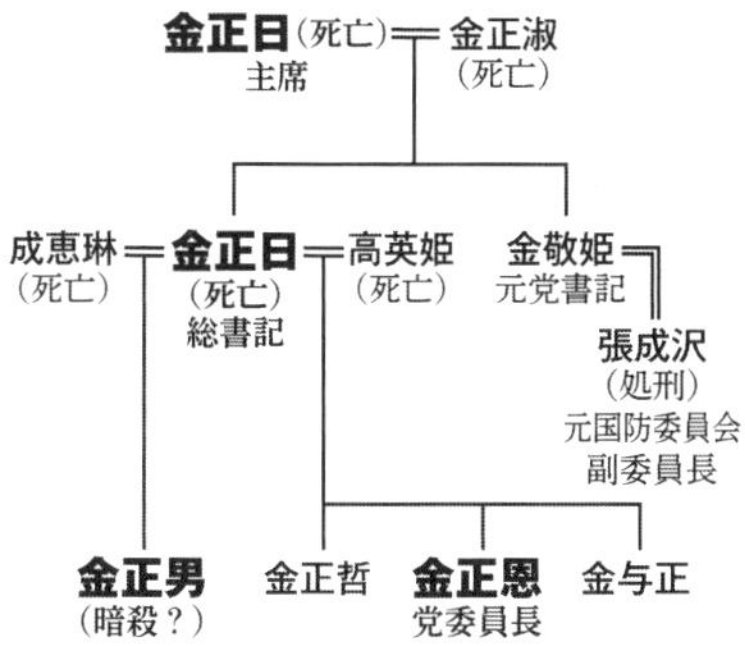

※敬称略　名前の下は主な役職

金正恩の家系図

北朝鮮は、核を外交手段として世界と渡り合っています。核開発および核兵器のレベルの本当のところはわかりませんが、核実験については、2006年以降、2017年までに都合6回行っています。

2016年に核保有を公言した北朝鮮は、「我々の核放棄を待つのは、海の水が乾くのを待つよりも愚かなこと」と国際社会を挑発し続けています。「朝鮮半島の非核化は、韓国に対するアメリカの核の傘の撤回と、在韓米軍の撤退によって実現する」と主張してはばかりません。

２０１８年にシンガポールで、ドナルド・トランプと金正恩の、史上初の米朝首脳会談が行われました。会談による宣言の中には「朝鮮民主主義人民共和国は朝鮮半島の完全な非核化に向けて取り組む」という内容が盛り込まれましたが、その趣旨は右記の主張と変わるところはありません。

金正恩朝鮮労働党委員長と握手を交わすトランプ（2018年6月12日）

北朝鮮にとっての非核化とは在韓米軍の撤退によって実現するものであり、それはすなわち、北朝鮮の親玉である中国のアジア支配が実現する、ということに他なりません。米朝首脳会談は２０１９年６月までに、ベトナムのハノイ、南北朝鮮の軍事境界線上の板門店といった場所で都合3回開催されましたが、その後の動きはありません。

このような北朝鮮に対して不戦主義であるところの平和主義が通用するわけがあり

ません。北朝鮮から日本を守っているのは憲法第9条などではないということをもっと深刻に認識するべきです。

国際法無視の可能性を憲法で明言したロシア

２０２０年、7月1日、国民投票によってロシアの憲法改正が決定しました。国民投票は3月に行われる予定でしたが、新型コロナウイルス禍の影響で伸びたのです。

この憲法改正には、国際社会に対して挑戦的な点がいくつかあります。まずは、次の内容に注目すべきでしょう。

「国際条約に基づいて国際機関が決定した内容がロシア憲法に反する場合はこれを履行しない」

ロシアの国益にかなわない場合には、国際法を無視する場合があるという宣言です。侵略行為に対する解釈も、ロシアがロシアの国益に沿って行う可能性があります。

「ロシア領土の割譲に向けた行為、割譲の呼びかけは、近隣国との国境画定作業を除き禁止される」

日本にとっては、北方領土問題に大きく関わる憲法改正でしょう。この内容の条項をもって北方領土の返還交渉は遠のいたと見る人もいますし、「近隣国との国境画定作業を除き」と条件をつけたのは、日本との交渉続行による利益確保のためだと見る人もいます。

今回のロシアの憲法改正に代表されるように、世界はますます、自国の国益確保を強く考え始めていると言うことができるでしょう。もともと通用するはずなどないのですが、いわゆる平和主義がファンタジーほどの意味を持っていた時代も終わりつつあるのです。あらためて、世界はパワープレイであり国益のぶつかり合いであるという国際常識をさらに強く肝に命じることが必要な時代となっています。

近隣諸国の動向を見ればわかる通り、日米安保条約に基づく日米同盟と、自衛隊、在日米軍の力が必要とされるのはこれからなのです。安保条約の意義が再度、しっかりと認識し直されなければいけません。防衛費のGDP1％枠をはじめ、特に自衛隊をめぐる環境についての見直しと、国防にあたる人たちに対する敬意が常識となる情報の提供と教育はすぐにでも必要でしょう。

第三章

誤解だらけの日米安全保障条約

日米安全保障条約は戦争が起こる原因になる？

２０１５年（平成27年）１月に内閣府が発表した「自衛隊・防衛問題に関する世論調査」というものがあります。調査事自体は前年に行われたものです。同年の９月に野党をはじめ批判勢力から「戦争法」などと呼ばれた安保法制が参議院で可決、翌年に施行されますが、その準備情報の入手として調査されたものでしょう。

安保法制については、２０１５年５月に時の第三次安倍内閣が平和安全法制関連２法案を閣議決定して衆議院に提出、以降、日本国内のマスコミは一年間ほど、安保法制の話題でもちきりとなります。安倍内閣は日本を戦争のできる国にするつもりだ、アメリカは侵略国家でその侵略戦争に日本は巻き込まれることになる、徴兵制が復活する、といった話がテレビのワイドショーを中心に展開されました。シールズ（SEALDs）という学生の政治団体が各マスコミで盛んにもてはやされたのを覚えている人は多いでしょう。

さて、「自衛隊・防衛問題に関する世論調査」には、興味深い調査結果がいくつかあります。

日米安全保障条約は日本の平和と安全に役立っていると思うか、という質問に対しては、82・9％が「役に立っている」との返答（「役立っている」38・5％、「どちらかといえば役立っている」44・4％）。11・6％が「役に立っていない」との返答（「どちらかといえば役立っていない」8・9％、「役立っていない」2・7％）でした。

そして、日米安保条約にまつわるものとして興味深いのは、「自衛隊・防衛問題に関する世論調査」における、日本が戦争に巻き込まれる危険はあるか、という質問に関するいくつかの答えです。

「危険がある」との返答は75・5％（「危険がある」28・3％、「どちらかといえば危険がある」47・2％）、「危険はない」が19・8％（「どちらかといえば危険がない」16・0％、「危険はない」3・8％）。この、「危険がある」と答えた人の中に、その理由として「日米安全保障条約があるから」と答えた人が12・9％いました。

75・5％のうちの12・9％ですから、日本人全体の約10％の人たちは、日米安全保障条約があるために戦争の危険があるとしているわけです。日本人の10人に1人は、アメリカに巻き込まれるかたちで戦争の危険がある、と考えているということです。

戦争の「危険はない」と答えた19・8％の人たちの、その理由の上位の内訳は次の通りです。「日米安全保障条約があるから」が47・9％、「戦争放棄の憲法があるから」が43・1％、「国連が平和への努力をしているから」が34・3％（これは複数回答あり、の調査です）。

日本人の5人に1人が戦争は起こらないと考えています。そして、計算し直してみると、おおよそ10人に1人の割合で日米安全保障条約があるから戦争は起こらないと考えている人がいて、同じくらいの割合で憲法第9条があるから戦争は起こらないと考えている、ということになります。

おもしろいのは、だいたい15人に1人が、国連があるから戦争は起こらない、と考えているということです。ですから、日本人が15人集まればその中には、憲法第9条があるから戦争は起こらないと考えている人が必ず1人ないし2人いて、国連が世界の平和を守っていると考えている人が必ず1人いる、ということになります。これはやはり、いわゆる「お花畑」状態だと言わざるをえません。

調査はまた、アメリカ以外の国との防衛協力・交流についても質問していて、「どちらかといえば」という答えも含めて、同盟国であるアメリカ以外の国とも防衛協力・交流を進展させることは日本の平和と安全に「役立っている」と考えている人は82・

3%。その中で、「どの国や地域と防衛協力・交流を進展させることが日本の平和と安全に役立つと思うか」という質問の答えが、複数回答ありで、「東南アジア諸国連合」49・0%、「韓国」40・8%、「中国」40・3%、「ヨーロッパ諸国（ロシアを除く、イギリス・フランスなどの主要国）」36・9%。およそ、日本人の3人に1人が、平和と安全のためには中国と防衛協力すべきだ、と考えているということになります。

これらの数字をどう見るかについてはいろいろな意見があるでしょう。しかし、3人に1人が親中傾向であるという調査結果は、今までにお話ししてきたことを踏まえていただければ、やはり由々しき事態だと言えると思います。

一方、アメリカでは日米安全保障条約はどう捉えられているでしょうか。2020年3月、外務省が「米国における対日世論調査」の結果を発表しました。「日米安全保障条約は日本と極東の平和と安定へ貢献しているか」の質問については、「非常に」「ある程度」を含めて「貢献している」の返答は有識者88%、一般人81%。「日米安保はアメリカ合衆国自身の安全保障にとって重要か」という質問については「極めて」「ある程度」を含めて「重要である」の返答が有識者92%、一般人91%です。当然のことですが、自国の国益のためにこそ機能すると考えているからこそアメリカは日米安保条約を維持しているわけです。

世論調査を見る限り、日米安保条約の重要性については、日米両国民の間である程度コンセンサスがとれていると言うことができるでしょう。ただし、日本人の10人に1人はアメリカに巻き込まれるかたちで戦争の危険があると考えています。２０１５〜２０１６年の安保法制騒ぎでは、このイメージが野党や運動家たち、マスコミに利用されました。これはやはり、戦争とはどういうものか、抑止とはどういうことか、国防とは何を守ることを言うのかといった知識の無さと誤解に基づく偏見です。

日米安保条約はもちろん完全なものではありません。時代によって、国際的ないろいろな事情、日米の思惑によってその立場も変化してきたことも事実です。しかし、現在、ますます高まる中国の脅威を主たる背景にして、日米両国民の80％以上がこの条約の重要性を認めています。

次項から、日米安保条約にまつわる歴史をおさらいしていくことにしましょう。日米安保条約に関する誤解、そして、平和ということに関する偏見が解かれることと思います。

日米安全保障条約は、第二次世界大戦における日本の敗戦を機にして生まれたものです。まずは、現在同盟関係にある日本とアメリカが、かつてどうして戦争をしたのかという話から始める必要があるでしょう。

アメリカによる真珠湾プロパガンダ

先の戦争、特に太平洋戦争と呼ばれる日米戦争は日本による「侵略戦争」ではなかった、ということからお話ししたいと思います。これは、第二次世界大戦終戦後、日本に連合国軍最高司令官として占領政策遂行のために赴任したダグラス・マッカーサーのエピソードに代表されるでしょう。

ダグラス・マッカーサー

1950年に朝鮮戦争が勃発すると、マッカーサーは国連総合司令官に任命されて日本と朝鮮半島を行き来して指揮をとることになりますが、翌年に解任されます。時のトルーマン政権と、作戦上の意見の食い違いが多々あったようです。

帰国したマッカーサーは、1951年5月に行われた、自身の解任と極東の軍事情勢に関する米上院軍事外交委員会で、なんと次のように証言しました。

「日本が太平洋戦争に突入したのは、大部分は安全保障上の必要によるものだった」

一般的には、朝鮮戦争を戦って朝鮮半島が日本の生命線だったことにマッカーサーが気づいたからこのような発言となった、と考えられています。しかし、先の戦争が日本の自衛戦争であることは、アメリカは戦争前からわかっていました。

当時、石油はすでに文明の礎であり、第一に軍事に欠かせないものとなっていました。そんな石油の大半を日本はアメリカから輸入していました。1941年（昭和16年）にアメリカは、日本に対して石油を禁輸します。自衛のために日本は戦う以外になかったということです。

1941年の日本時間12月8日未明、日本はハワイ・オアフ島の真珠湾にあったアメリカ海軍太平洋艦隊基地および艦隊そのものに攻撃を仕掛けました。アメリカ政府は、これを「日本軍は宣戦布告前に真珠湾を奇襲攻撃した。これは想定外であり、我々は卑怯《ひきょう》な日本を徹底的に叩くべきだ」と主張して「リメンバー・パールハーバー」というスローガンをアメリカ国民に叩き込みました。

「奇襲」というのはプロパガンダです。日清・日露戦争を勝利して大国化し続ける日本を最大の仮想敵国と考えていたアメリカが、ハワイ空襲を想定しないはずがありません。アメリカは日本の暗号をすべて解読していました。真珠湾攻撃についてはあらかじめ察知していたという説もあります。１９４２年の６月にアメリカ海軍はミッドウェー海戦で大勝しますが、その勝因は暗号解読の精度にありました。

また、高まる国家間の緊張の中では当然ですが、アメリカも先制攻撃の準備を行っていました。同時進行していた日中戦争において、アメリカから義勇軍として参加していた「フライング・タイガーズ」と呼ばれる航空部隊がありました。米軍を退役したパイロットが自主的に中華民国軍に入隊し、傭兵として大活躍したとされていました。

真珠湾攻撃。沈む戦艦アリゾナ　©AP／アフロ

リメンバー・パールハーバー。『パパをとり戻したい』のキャッチで戦時国債購入を呼び掛けるポスター

フライング・タイガーズ（1941年）

しかし、「フライング・タイガーズ」の正体は、時の米大統領ルーズベルトが承認した秘密作戦部隊でした。参加した人員は、義勇軍などではなく現役米兵部隊で、飛行機や整備士もアメリカ政府が提供したものでした。真珠湾攻撃の半年前から練られていた「フライング・タイガーズ」による日本への先制爆撃攻撃計画の存在は、1970年に公開された公文書で明らかになっています。

「リメンバー・パールハーバー」はプロパガンダだったという事実は、1991年に米ABCテレビによって全米に伝えられましたが、いわゆる真珠湾攻撃の歴史認識は世界的にいまだに変わっていません。そのファクトを知る人はいまだに少ないのです。

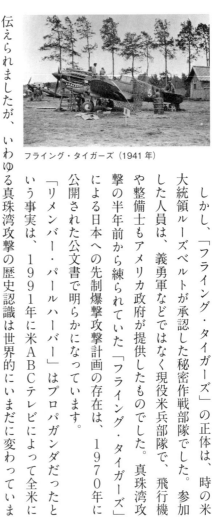

さて、アメリカはどうして、いわば「日本を戦争に引き込んだ」のでしょうか。ここでは、あえて私は当時のアメリカの弁護をしておきます。

今、アメリカは人種差別や人権問題に世界一うるさい国として知られています。だからこそ、種々大きな問題をはらむ「ポリティカル・コレクトネス」もはびこるのです。しかし、当時のアメリカは人種差別が前提の白人中心国家でした。

私自身はもちろん当時の空気を知りませんが、欧米諸国で「黄禍論《おうかろん》」というものが叫ばれていました。黄色人種が白人社会の繁栄の邪魔をするという歴史観です。1924年に出された、アジア出身者の移民を全面的に禁止する排日移民法はその典型的な例でしょう。

日清・日露戦争に勝利していわゆる大国の仲間入りをした日本は、白人国家から脅威として捉えられていました。これが当時の国際常識というものでした。

日本は、この常識に対する認識が甘かったのだと言えます。日本は、石油や鉄などの重要物資をアメリカからの輸入に頼ることをやめずにいました。日本の軍隊は確かに強いものでしたが、その物質的な裏付けをアメリカに頼っていたのです。つまりアメリカは当時の常識に沿って、絶好のチャンスを生かしただけだと言うことができるのです。

現代日本は、食料を含む資源を輸入に頼っています。スパイ防止法も存在せず、2018年に日本政府自身が明かしたAPT10と呼ばれる中国のハッカー集団による日本政府、企業、学術機関への長期にわたるサイバー攻撃の事実に見られる通り、情報戦にも甘いものがあります。つまり、日本の状況は当時と変わっていません。

無条件降伏ではなかったポツダム宣言

日本は昭和天皇の玉音放送が流れた1945年（昭和20年）8月15日を「終戦の日」としています。アメリカでは9月2日が「V－j Day（Victory over Japan Day、対日戦勝記念日）」です。

日本は、イギリス首相・アメリカ合衆国大統領・中華民国主席の名において発された全13カ条からなる降伏勧告「ポツダム宣言」を受諾して降伏しました。これについては「無条件降伏」だとよく言われます。無条件降伏とは、適時言われるがままどうにでもされてよいとする、ということです。果たしてそうでしょうか。また、無条件ではないとすれば、何が条件とされていたのでしょうか。

国立国会図書館のウェブサイトに外務省の訳文が掲載されていますが、ポツダム宣言の第5条に「吾等ノ条件ハ左ノ如シ」（原文　Following are our terms）とあります。条件は次の通りである、としてある限りは、条件付きであるに決まっています。

ポツダム宣言に書かれた条件とは次のような内容です。

「日本国民を騙して世界征服に乗り出す過ちを犯させた勢力を永久に取り除け」

「新秩序が確立されて戦争能力が失われたことが確認されるまでは日本国領域内の諸地点を占領する」

「カイロ宣言（1943年に出された、日本は降伏して満州・台湾・澎湖諸島を中華民国へ返還し朝鮮を独立させろというアメリカ・イギリス・中華民国による宣言）を履行しろ。日本国の主権は本州、北海道、九州及び四国ならびに我々の決定する諸小島に限る」

「我々は日本人を奴隷化し、日本国民を滅亡させようとするものではない。しかし、捕虜虐待を含む戦争犯罪人はすべて処罰しろ。日本政府は民主主義の復活を強化し、これを妨げるもの一切を排除しろ。言論、宗教及び思想の自由並びに基本的人権の尊重を確立しろ」

「日本は経済復興をして賠償の義務を果たすための生産手段と戦争及び再軍備に関わらないものは保有してよい。将来的には国際貿易に復帰が許される」

「日本国国民が自由に表明した意志による平和的傾向を持つ責任ある政府を樹立しろ。この政府ができ、記載した条件が達成された場合に占領軍は撤退するべきものと考える」

「日本政府は全日本軍の即時無条件降伏を宣言しろ。その行動については日本政府が十分に保障しろ。以上、選択肢はなく、飲まなければ迅速《じんそく》かつ完全に壊滅する」

無条件降伏は日本政府ではなく日本軍に対して要求しているものだということがわかります。条件に従えば占領軍は撤退する、つまり主権は回復される、としてあります。

1945年9月2日、日本は戦艦ミズーリ号の甲板で降伏文書に調印しました。日本の降伏は、ポツダム宣言の「降伏条件」が前提でした。しかし、GHQのマッカーサー最高司令官は、占領後に展開すべき政策が「降伏条件」に縛られることを嫌って、時のトルーマン大統領になんとかしてくれと直訴しました。

トルーマン大統領は同年9月6日に「ポツダム宣言は双務的な拘束力を持たない」、つまり勝った方は相手の言うことを聞く必要はないと言い、「日本との関係は無条件降伏が基礎である」と明記した司令文書をマッカーサーに送ります。日本の軍隊は完全に武装解除された後ですから、抵抗手段はありません。この、だまし討ちとも言うべき状態は、ＧＨＱの「ポツダム宣言受託＝日本の無条件降伏」というプロパガンダで覆い隠されました。

第二次世界大戦の枢軸国敗北を目前にして、ドイツと日本の「無条件降伏」にこだわり続けたのはトルーマンの先代であるルーズベルト大統領です。ルーズベルト大統領は「親中憎日」でした。母方の一族がアヘンを含む対中貿易で財をなしたためかもしれません。また、当時は、蔣介石夫人と呼ばれた宋美齢《そうびれい》が、欧米でたいへん知られていた新渡戸稲造《にとべいなぞう》の『武士道』（１８９９年刊行）という本を逆読みして「日本人は千年も前から好戦的で野蛮《やばん》な民族だ」というプロパガンダを展開していました。

ミズーリ艦上にて日本の降伏文書に署名する
ダグラス・マッカーサー

ミズーリ艦上の日本側全権代表団

ハリー・S・トルーマン

ルーズベルト政権は、開戦前の日米和平交渉において、日本の希望をことごとく拒否し続けました。戦争終結が見えてきた時点でもその気はなく、原爆実験は成功間近、「ダウンフォール作戦」という、毒ガス攻撃を含む日本本土上陸殲滅《せんめつ》作戦までもが計画されていました。ルーズベルトは、終戦を待たずに4月12日に急死します。脳卒中だとされています。原爆攻撃を許可したのは、トルーマン大統領です。

ポツダム宣言に、当初、「天皇の地位保障」が書き込まれる可能性があったことはあまり知られていません。日米開戦時に駐日米国大使を務めていたジョゼフ・グルーを中心とする「三人委員会」という組織が提言していました。この提案は、対日強硬派の国務長官ジェームズ・バーンズの反対にあい、実現しませんでした。

たられればを言えば、もし天皇の地位保障の条項がポツダム宣言にあれば7月中に日本は宣言を受け入れ、原爆投下はなかったかもしれません。日本は「国体維持」ということにこだわり続けていました。天皇を中心とした日本古来の国家体制の維持です。

降伏勧告に関して日本政府はもちろん知っていましたが、国体維持が保障されないものであれば本土決戦やむなしと考えていたのです。世論も同じで、大新聞が書き立てた「一億総玉砕」とはそういう意味です。

ただし、ポツダム宣言に「天皇の地位保障」が書き込まれていたら、かえって陸軍強硬派の士気が維持されて、武装解除を無視して暴走したかもしれません。

1945年8月14から15日の未明にかけて、「宮城《きゅうじょう》事件」というクーデター未遂事件が皇居で起こりました。降伏を阻止しようとした将校たちが近衛《このえ》第一師団長を殺害の上、師団長命令を偽造して皇居を占拠したものの、陸軍首脳部の説得に失敗して逮捕、一部は自殺した事件です。これを大規模にした内乱が起きた可能性もなきにしもあらずです。

ショセフ・グルー

時の陸軍大臣・阿南惟幾《あなみこれちか》は、ポツダム宣言受託に最後まで反対して戦争の継続、本土決戦を訴えました。8月15日の早朝に切腹していますが、この態度を、受託への抗議だったとまっすぐに受けとる人と、一方では「腹芸説」をとる人がいます。

阿南惟幾

「自分が自刃することで本土決戦を唱える陸軍の面目を立てた」という説です。

私は、腹芸説をとります。阿南陸軍大臣の戦争継続の主張は青年将校たちの不満を抑えるための芝居であり、最後の最後に切腹をして強硬派の戦闘意欲を鎮めて動乱を防いだのだと思います。阿南陸軍大臣は、後に頑迷な軍国主義者と蔑《さげす》まれるだろうことなど承知の上だったのではないでしょうか。これぞ日本人というものだろうと思います。

先の戦争の核心はどこに？

先の戦争が東南アジア諸国や中国大陸に対する「侵略戦争」だったというのは、戦後占領政策の一部としてＧＨＱが世界中に広めたプロパガンダです。真実とは異なる嘘が、歴史的事実として世界に認識されることになりました。マッカーサーが１９５１年に米上院軍事外交委員会で行った「日本は自衛のために戦った」という証言は、その懺悔《ざんげ》だったのかもしれません。

自衛か侵略かというのはそれなりに重要な問題です。しかし私は、先の戦争にはそれ以上に重要なポイントがあったと考えています。

さきほど触れた人種的偏見の問題です。20世紀半ばまで、そのほとんどが有色人種の国だった発展途上国を植民地化することに疑問を持つ白人国家はひとつもなかった、という事実が浮き彫りになってきます。これは恥ずべきことだと思います。

19世紀に始まる帝国主義という時代は、白人国家が植民地で搾取を行うという、人種差別を前提として成立していました。１９３０年代の後半には、アフリカのほぼ全土は植民地化されていました。アジアにおいてもそれは顕著で、独立を維持していたのは、実質、日本とトルコだけでした。当時はシャムと呼ばれていたタイは、いちおう独立国家でしたが、その主権の維持に苦しんでいました。

そういう時代にあって日本は、植民地を解放して独立させ、アジアがアジア人の手で共存共栄する世界を目指すという大義を掲げて戦争を始めたのです。それはまた、「白人は優秀で有色人種は劣っている」という当時の常識は間違いだということを証明する試みでもありました。この戦争を日本は「大東亜戦争」を呼びました。

第二次世界大戦後に独立した国

日本は戦争に負けました。当然、大東亜戦争の大義を語る権利はもはやありません。しかし、戦後の現実はどうでしょうか。アジアにおける植民地の解放と民族国家の独立は見事に達成されています。そういう意味では、実は日本は勝者だったということもできるのです。

敗戦したけれども日本が残した大義の意義と価値を日本から取り除くためにGHQはマスコミに「大東亜戦争」という言葉を使うことを禁じました。以降は「太平洋戦争」と呼ぶことを命じ、それが現在まで続いているのです。

私は時々、私が著書やマスコミなどを通じて先の戦争と戦後政策でのアメリカ側の過ちを指摘することについて、アメリカの知人たちからたいへん心配されます。ネガティブな歴史的事実を表に出していくことはアメリカの国益に反すると考えるのはごく普通のことでもあるでしょう。

１９８８年に、時のロナルド・レーガン大統領が、大戦中にカリフォルニア州など西海岸を中心に居住していた日系人約12万人を砂漠や荒れ地などの強制収容所に入れた事実を公開して認め、公式に謝罪したことがあります。私には、アメリカ政府が過ちを正面から認めることは、アメリカと日本の双方の国益にかなうことだという確信があります。

レーガン。昭和天皇とともに（1983年）

２０２０年6月、当時副総理大臣の麻生太郎氏が、「日本は民度が高いからコロナ禍の死亡者が少ない」と発言してマスコミに叩かれました。死亡者数との関連根拠はともかく、民度が高いとはどういうことか、日本はそんなにいい国だと言えるのか、といった、日本をまず貶めて考える左翼勢力独特の視点からの批判でした。

私が長く日本で暮らしてきて思うのは、誰がどう言おうと、日本人は正直で誠実であり、正義を重んじ、嘘を嫌い、潔さを好んで恩義を忘れない人たちだということです。民度が高いことに間違いはなく、アメリカが正面から認める過ちについて、そのつらい過去を水に流せることができる人たちだと確信しています。

しかし、これも、但し書きが必要です。大国同士の外交の場面で「正直」や「誠実」が通用するのは、日本とアメリカの間くらいのものでしょう。日本人の多くがそれをわかっていないということもまた事実です。

ポツダム宣言受託に基づくGHQの占領は、1952年のサンフランシスコ平和条約の発効をもって終了します。

本当の敵はソ連をはじめとする共産主義勢力だと気がついて、朝鮮戦争を機に日本国内の武装禁止を一部解いて「警察予備隊」という部隊を組織させ、後に「保安隊」そして「自衛隊」が組織されるに至ったという話はすでにしました。アメリカ側の再軍備の要求を時の吉田茂首相が拒否し続け、基本的に米軍が日本国防の肩代わりをするという旧日米安保条約の締結に至り、1960年に時の岸信介内閣のもとで改正され今に至っています。

占領時代に日本に入り込んだ共産主義勢力

実は、占領時期の日本において、共産主義勢力が力を強めたという事実があります。これはちょっと理解のしにくいところかもしれません。

アメリカの「封じ込め」というソ連対策が始まったのは、終戦の翌年、１９４６年に駐ソ連大使代理のジョージ・ケナンがアメリカ政府に打った長文電報がきっかけです。封じ込めという言葉は、１９４７年にケナンが、アメリカの外交問題評議会が発行する外交・国際政治専門誌『フォーリン・アフェア』に匿名で寄せた論文で使われたものです。

つまり、１９４７年以降にアメリカは反共政策の実施に入るわけですが、それ以前のアメリカ、特に戦前・戦中は対日本戦略においてソ連をほぼ同盟国とみなしていました。アメリカには、共産主義思想に強いシンパシーを持つ人たちが、政府要人の中にもかなりいたのです。

チャールズ・ケーディス
GHQ 民政局次長

ハーバート・ノーマン
©AP／アフロ

マッカーサーが率いるＧＨＱの中には、共産主義者が少なくなく紛れ込んでいました。たとえば、公職追放を実施し、また、日本国憲法を起草したことで知られる民政局次長のチャールズ・ルイス・ケーディス大佐は筋金入りの左派であり、徹底して共産主義者である知日派のハーバート・ノーマンというカナダの外交官を右腕としていました。ノーマンはＧＨＱに出向して通訳を務めていました。ノーマンは１９５７年にソ連スパイの嫌疑をかけられ自殺しています。

ＧＨＱに紛れ込んだ共産主義者たちは、日本に「敗戦革命」を起こさせ、日本を共産主義国にしようと目論んでいました。敗戦革命とは、資本主義国同士を戦争させて敗戦した国で意図的に経済的窮乏をつくり出し、社会の混乱を利用して共産党政権を樹立するという、ソ連の指導者スターリンの革命理論です。

マッカーサーはその意図をつかめずにいたはずです。マッカーサーは当初、日本の軍国主義への対抗勢力として戦時中に弾圧されていた共産主義勢力の力を利用しようと考え、着任直後の10月に元共産党員の政治犯を釈放しました。日本共産党、日本社会党の左派政党が結成され、12月には労働組合法が制定されます。

労働組合法の制定は、全国にストライキを中心とした労働争議を生み、翌年の、官公庁、郵便局、国鉄、教員などの労働組合による「全官公庁共同闘争委員会」の結成と吉田茂内閣打倒という政治的要求の発生、さまざまな民間の労働組合も協力の態勢を組んだ「全国労働組合共同闘争委員会」の結成へと発展します。

全官公庁共同闘争委員会は１９４７年1月に、同年2月1日にゼネストを決行することを決定します。全国的な大規模ストライキです。全国労働組合共同闘争委員会もまた参加を決定します。通称「二・一ゼネスト」と呼ばれるこのスト計画こそ、「敗戦革命」の典型例です。

マッカーサーは1月31日に、ゼネストの中止を命令します。アメリカ本国で対ソ連政策が固まるのと時期を同じくしています。絶妙なタイミングで、もしも「二・一ゼネスト」が行われていたら、日本は共産主義国となっていた可能性が高いとする研究家もいます。2月1日はゼネスト決行の日ではなく、全官公庁共同闘争委員会と全国労働組合共同闘争委員会の解散の日となりました。

公職追放は1946年の1月から1948年にかけて行われました。戦前の日本社会の重鎮たち、つまり保守派の勢力が公職や有力企業から追い出され、当時優遇されていた共産主義勢力が日本社会の中に伸長していく要因となりました。マッカーサーが、アメリカの方針転換に則り、日本共産党員と党支持者を公職や企業から追い出したのは1950年(昭和25年)のことです。いわゆる「レッドパージ(赤狩り)」です。21世紀に入ってからもレッドパージに関する訴訟の申し立てがいくつか起こっていますが、いずれも「GHQの指示による超憲法的な措置で解雇や免職は有効」という過去の判例が踏襲されています。

ソ連と中国が指示した60年安保闘争

1960年に日米安全保障条約が改定されました。現在に続く安保条約の正式名称はこの時に締結された「日本国とアメリカ合衆国との間の相互協力及び安全保障条約」です。

改正のポイントは3つありました。まずは、「内乱に関する条項の削除」です。日本国内での内乱鎮圧も米軍と役割としているのをやめた、ということですが、これは日本の国の主権がより尊重されるようになった、ということです。

2つ目は「日米共同防衛の明文化」です。日本を米軍が守る代わりに、在日米軍への攻撃に対しても自衛隊と在日米軍が共同で防衛行動を行う、ということが明記されました。旧安保条約はアメリカ軍に基地を提供することを主眼とした条約でしたが、この改正で、日米共同防衛を義務づけ、より平等な条約に改定したということになります。

3つ目は「在日米軍の配置・装備に対する両国政府の事前協議制度の設置」です。いわゆる「日米地位協定」で、旧安保条約では「日米行政協定」と呼ばれていたものが改正され、正式に条約となりました。

安保改定は、日本の国益に沿って、日米の関係をより対等なものに近づける改定でした。しかし、「60年安保闘争」と呼ばれる、日本国内で大きな反対運動が起こります。

ヘリコプターで脱出するジェイムズ・ハガティ
60 年安保闘争、ハガティ事件（1960 年6月10 日）
© 毎日新聞社／アフロ

時のアイゼンハワー大統領訪日の日程を協議するため来日したホワイトハウス報道官のジェイムズ・ハガティが安保反対派のデモ隊に迎えの車を包囲されて立往生し、アメリカ海兵隊のヘリコプターで救出されるという事件が起きました。警官隊が国会議事堂正門前でデモ隊と衝突し、デモに参加していた大学生の樺美《かんば》智子さんが圧死するという事件が発生しました。岸内閣は安保改定と引き換えるかたちで退陣します。

最近の話ですが、日本共産党はインターネット用のカクサン部という宣伝部隊をつくり、twitter で次のような宣伝を流していました。

《「共産党」というと、中国や崩壊した旧ソ連の共産党と一緒じゃと思っておる人もおると思う。実は、日本共産党は、ソ連からは「ソ連の手先になれ」、中国の毛沢東派からは「中国と同じ方法で革命を起こせ」など、不当な干渉をうけたことがあるのじゃよ。それをはねのけてきたのが日本共産党じゃ》

本当でしょうか。安保条約改定で反対闘争を指令したのは実は中国とソ連だったという事実が、各方面の研究から今では明らかになっています。

改定が決まる直前に共産党の指導者がモスクワへ行きますが、共産党の路線が変更されるのはこれを機としているようです。警察庁のウェブサイトの「警備警察50年の歩み」には、《同党は、「60年安保闘争」に取り組み、党勢拡大を図り、36年7月の第8回党大会では二段階革命方式を盛り込んだ現綱領を採択しました。こうした同党の路線転換は、31年2月のフルシチョフ・ソ連共産党第一書記によるスターリン批判とあいまって、左翼諸勢力の混乱を引き起こし、その結果として数多くの過激派を生み出すこととなりました。なお、現在も、日本での革命を目指すとする同党の基本路線に変更がないことは、平成16年1月の第23回党大会の同党の説明からも明らかとなっています》と説明されています。「二段階革命方式」とは、民主主義社会において政権を奪取して革命を起こし、引き続き社会主義革命に至る、という考え方です。

国会を取り囲んだデモ隊
（1960年6月18日）

もうひとつの左派政党である日本社会党においても、1959年の3月に書記長の浅沼稲次

浅沼稲次郎　© 近現代PL／アフロ

郎が北京へ行き、同地から突然「米帝国主義は日中人民の共同の敵」という主張を発信する、という具合でした。その後、社共両党は完全に「安保改定反対」の立場をとります。

一方、「60年安保闘争」に参加した人々の多くは、改定される条約の中身には興味がなかったようです。『日米安保50年』（西部邁・宮崎正弘、海竜社、２０１０年）には《あの時代の雰囲気は、今から考えても、不思議で熱狂的で一方的で反米的でほとんどすべての知識人が安保反対を言っていました。そうした知識人ですら条約を読んでいませんでしたが》と書かれています。テレビでもおなじみのジャーナリスト・田原総一朗氏は２０１６年、『現代ビジネス』という講談社のネットメディアで《私は「安保改悪反対」「岸はヤメロ」とデモ隊の中で連呼していながら、実は、吉田首相の最初の日米安保条約も、岸首相が改定した安保条約も全く読んでいなかったのである》（「戦後レジームの正体」第11回）と告白しています。当時、学生運動のおかげでちゃんと就職できなかった人たち、しかも、条約反対を叫びながらその中身を知らないような、とにかく反体制ということだけに熱狂するような人たちが拠り所としたのがマスコミという業界でした。今に至るそのレベルの低さは推して知るべしというものでしょう。

共産党に対する不思議なシンパシー

1970年代、私が初めて日本にやってきた頃、とても不思議に思うことがありました。日本のメディアがなぜ共産党や社会党を持ち上げ、ソ連や中国を賛美するのか、ということです。日本は、自由主義と資本主義に基づく、西側諸国の一員です。しかしテレビや新聞は反体制的で左翼的な主張ばかりを取り上げて良しとしています。

そもそも、日本共産党という政党が存在していることが理解できませんでした。アメリカでは1954年に共産党は非合法とされました。もちろん言論の自由と結社の自由がありますから、共産党を自称する組織はあるものの、公的な政党とは認められておらず、国政や地方行政への参加はできません。旧西ドイツでも、共産党は民主主義を破壊する政党であるとして憲法違反とされていました。

アメリカで共産党が非合法化されたことには歴史的背景があります。共産主義を信奉し、ソ連のスパイとなって祖国を裏切るような人間が、戦前から政権の中枢に入り込んでいたのです。ルーズベルト政権にはソ連側のスパイが浸透していました。日本を対米戦争に引きずり込む決定打となった「ハル・ノート」の起草者である、ハリー・D・ホワイト財務省財務次官補もそのひとりでした。

彼らは、1919年にレーニンが創立したコミンテルンの指示で動いていました。コミンテルンとは、世界共産革命を目指す世界的組織です。先に触れた「敗戦革命」はコミンテルンの革命理論です。レーニンは1920年の時点で、「世界共産化を進めるため、アメリカを利用して日本に対抗し、日米両国の対立を煽るべきだ」と主張しています。その後の歴史はレーニンの筋書き通りだったと言ってもいいでしょう。

ブレトン・ウッズ協定でのハリー・D・ホワイト（左）とケインズ

先の戦争では約300万人の日本人が命を落としました。その悲劇の影には、コミンテルンという共産主義勢力が、ソ連や中国だけでなくアメリカの共産主義勢力と連携しながらルーズベルト政権に対して工作活動を行っていたという事実があります。ソ連にとって日本は日露戦争でロシア人を苦しめた国です。対米戦争は、アメリカを利用して報復してやろうというソ連の謀略だったとも言えるのです。

日本は、共産主義勢力の謀略に直面し、多大な被害を受けたのです。それなのに、歴史的事実を知らない人が多いからなのか、共産党をはじめとする左派勢力に対して甘く、シンパシーさえ感じています。

繰り返しになりますが、日米安全保障条約は、ソ連という共産主義勢力の脅威に対処すべく誕生した条約です。現在は、中国という共産主義勢力に対応すべく機能している条約だということもすでにお話ししました。

日米地位協定はアメリカ従属の証？

安保条約に付随する条項として、通称「日米地位協定」というものがあります。正式名称を「日本国とアメリカ合衆国との間の相互協力及び安全保障条約第6条に基づく施設及び区域並びに日本国における合衆国軍隊の地位に関する協定」といいます。

外務省のウェブサイトによれば日米地位協定は、《日米安全保障条約に基づく在日米軍の円滑な駐留を確保するため、在日米軍の活動と在日米軍施設・区域の存在に伴って生ずる国民への影響を最小限に留め、国民の理解と協力が得られるようにするため、様々な改善の措置を講じてきている》ものです。1960年の安保改定で締結されました。

具体的に言えば、施設・区域の提供、米軍の管理権、日本国の租税などの適用除外、刑事裁判権、民事裁判権、日米両国の経費負担、日米合同委員会の設置などが定められているのが日米地位協定です。

この日米地位協定は、しばしば、在日米軍の治外法権を認めている、と批判されます。改定が求められ続けているのに1960年以来そのままであるという点も批判のポイントとなっています。これらを、アメリカに従属しているという文脈で語り、左派勢力が政権批判に利用するという状況も見られます。

治外法権ということについては、簡単に言えば誤解です。外務省がウェブサイトに用意している「日米地位協定Q&A」にある通りでしょう。米軍の施設・区域については《日本の領域であり、日本政府が米国に対しその使用を許しているものですので、アメリカの領域ではありません。したがって、米軍の施設・区域内でも日本の法令は適用》されます。米軍に対する日本の法律の適用については、《公務執行中でない米軍人等、また、それら家族は、特定の分野の国内法令の適用を除外するとの日米地位協定上の規定等がある場合を除き、日本の法令が適用》されます。そして、《当該外国軍隊及びその構成員等の公務執行中の行為には、派遣国と受入国の間で個別の取決めがない限り、受入国の法令は適用されません。以上は、日本に駐留する米軍についても同様》ということです。

日米協定とは、在日米軍にどのような特権を与えるか、という取り決めです。軍隊が外国に駐留する場合、その国の法律に制約を受けていては軍隊たる活動ができなくなります。世界中のどこにいっても地位協定があるのは国際常識です。

地位協定がなければ、いくら同盟関係にあろうが軍隊は行きません。２０１１年、時のオバマ大統領はイラクから米軍を完全撤退させました。これは地位協定を認めてもらえなかったからです。地位協定が適当なものでなければ、派遣された兵士たちは即、殺人犯になってしまいます。イラクはもっとちゃんと交渉すべきでした。米軍の撤退を背景にしてＩＳＩＳは台頭したのです。

地位協定で在日米軍に与えられる権利がだめだと言うのであれば、ではアメリカは引き上げればいいと言うのか、ということになります。米軍が引き上げたらどうなるでしょうか。2、3年のうちに日本列島は関東自治省になってしまうかもしれません。

もちろん、地位協定の中身についてはいろいろと改善していかなければいけない点があることは確かです。1995年の沖縄米兵少女暴行事件においてなど、在日米兵が犯罪を犯した際、すぐに犯人が引き渡されないという時代がありました。

ただし、アメリカ側から言わせれば、それは、日本の司法制度がだめだからだ、という問題があるのです。軽犯罪であっても、逮捕されればフルに一日、24時間尋問する。弁護士も一緒にいさせず、答えない権利があるということも伝えない。最終的にはパニックに陥れさせてサインさせるということが許されているような司法制度ですから、とてもではないが引き渡せない、ということにもなるのです。

2019年の6月、殺人など裁判員裁判の対象事件や検察の独自捜査事件で、取り調べのすべての過程で録音と録画を義務付ける「全面可視化」がスタートしました。しかし、いまだに弁護士の同席は認められていません。弁護士の同席が認められない限り、即引き渡すということはできないでしょう。

可視化ということで言えば、アメリカの場合は、警官のヘルメットにカメラを仕込むということをほとんど義務付けています。しかし、2020年の8月にウィスコンシン州ケノーシャで起きた警察官が背後から黒人男性を複数回発砲したという事件では、そうしたカメラが用意されていませんでした。現地の警察は補助金を受けていたにもかかわらず、そのための予算を他に回していたということなのですが、これは別の観点からもたいへん大きな問題になる可能性があります。いずれにしても、アメリカのほとんどの警察、つまり人を逮捕するような職務においては可視化のためのカメラは必須です。

ただし、全面可視化したところで、弁護士の同席を認めない限り、やはりだめです。日本の人たちは、弁護士がいたら罪を犯していても白状しないじゃないか、と考えるようですが、これは、司法というものに対する認識の甘さです。白状させないために弁護士は存在します。どうして白状しなければいけないのか、「立証するのは逮捕した側ではないか」という考え方が日本では確立されていません。

日本の人たちの司法に対する認識の甘さについて、私の体験をちょっとお話ししておきます。みなさんは、どうお考えになるでしょうか。

私の車が、警察に持っていかれました。この文章の構造が大事です。事実として、持っていかれた、以上でも以下でもありません。道路にチョークで、どこどこ警察に来いと書いてありました。

指定の警察に行くと、担当の警官が、「どこに駐めていたの?」と言うので、私は「何を?」と答えました。なぜ、それを私が言わなければいけないのか、ということです。これは人を引っ掛けて告白させる方法であり、してはいけないことです。

「あなたが駐めたんでしょ?」という質問に対しては「どうしてそういうことが言えるの? 取り調べでもしたの?」と聞き返しました。答える義務などないのです。立証の義務は、警察側にあります。弁護士もつけずに、いんちきな質問をするな、ということです。

私が「友達が駐めたんだよ」と言うと、「本当ですか?」と疑います。僕が真実を言っているかどうか、それはあなたが調べればいいことでしょう、ということです。「その人は誰なの?」と聞いてきましたが、私が言う必要はありません。それは、警察が調べることであり、これを立証責任といいます。

私の交友関係をすべて調べて、駐めたという人が出てこないのであれば、私が嘘をついているのかもしれません。しかし、それもまた警察が立証しなければいけないことなのです。

日本の人たちは警察を信用し過ぎています。だから白状してしまいます。駐車違反くらいはどんどん白状してしまうでしょう。

もうひとつ。こちらも、ある警察管内で路上駐車で車を持っていかれた時の話です。警察署に行くと、免許証を出せ、と言われました。免許証は車の中にありました。そこで、「車はどこですか？」と尋ねると、「署の裏にある」という返答です。「じゃあ、取りに行きましょう」と私は言いました。すると、署内では地位の高い人だったと思いますが、部下に向かって「おい、犯人と同行して免許証をとってこい」と言ったのです。

誰が「犯人」なんだよ、ということです。「こいつ」と言うならまだいい。犯人という言い方はありえません。私は大問題にして謝罪を受けました。

みなさんの中には、これらのエピソードに抵抗感を覚える方もいらっしゃるかもしれません。しかし、アメリカ人が捉える法と秩序とは、こういうことなのです。

閑話休題。日米地位協定に対する批判に付随して、その運用を協議する「日米合同委員会」もしばしば批判を受けます。委員会で話し合われた競技内容が外に出ることはないので、アメリカに有利な密約が交わされているのではないか、という批判です。これも、左派勢力に、アメリカに支配されている日本というイメージ付けに利用されがちです。

常識の範疇《はんちゅう》ですが、日米政府間の合意については、正式な閣議決定や政府代表者同士の合意が必要です。日米合同委員会に、新たな合意を決定する権限はありません。したがって日米合同委員会で「密約」が結ばれることはありえないということはちゃんと認識しておくべきです。

私には、日米合同委員会に出席している友達がいます。もちろん、その内容については絶対に口外しないので、私は知りません。ただ、「日本はアメリカの言いなりになっているとよく言われているようだが、実際は逆だ」と聞きました。「日本側はとにかく、いろいろな問題を突きつけてくる。喧々諤々《けんけんがくがく》となってまったく収まりがつかない、疲れる」という話をしていました。アメリカ側の要望としては、たとえば、1998年に、米軍厚木基地に隣接する焼却炉の排煙抑制が閣議で了解されたということがありましたが、この問題の解決には実は数十年の時間がかかっています。

私の聞く限り、日米合同委員会でどちらかがどちらかの言いなりになっているという事実はありません。真正面からぶつかりあっているようです。たいへん神経を使う委員会のようです。私もつい最近、参加を誘われたことがありますが、入れば何も言えなくなるのでやめておきました。

アメリカを悪者にすることで事を収めようとする人たちというのは、実際にいます。アメリカに従っているふりをして甘い汁を吸い、アメリカに命令されたというふりをして日本の一般の人たちをコントロールする人たちもいます。

日米安保条約と、それにまつわる日米地位協定について、日本の人たちはやはり知らなさすぎます。

60年安保闘争の時の学生たちや一部の知識人のように、その中身をちゃんと知らずに「アメリカが悪い」「日本が悪い」と眉間《みけん》にシワを寄せたところで何も解決しないのは、まさにその60年安保闘争が何もなしえなかったことでもわかるでしょう。

第四章

日本の美点とアメリカの欠点

パンダハガーとは？　ドラゴンスレイヤーとは？

現在、日米安全保障条約は、主に中国の脅威に対して機能しています。少なくとも1991年のソ連崩壊、1989年に地中海のマルタ島で行われた当時ジョージ・ブッシュ米大統領とソ連のミハイル・ゴルバチョフ書記長の会談で出された東西冷戦終結宣言までは日米同盟の仮想敵はソ連で、その後、中国が脅威として浮上してきたということになります。

マルタ会談。会食するゴルバチョフ（左）とブッシュ（右）

中国の急激な経済成長は、ソ連崩壊の翌年1992年に、すでに重要役職からは退いていたものの改革開放のシンボルであり続けた鄧小平《とうしょうへい》の「南巡講和」から始まっているとされています。鄧小平は、武漢、深圳《しんせん》、珠海《しゅかい》、上海など、経済・産業の重要都市を視察して声明を出しました。これを「南巡講和」といい、たとえば「中東には石油があるが、中国にはレアアースがある」といったメッセージで中国経済を鼓舞していったのです。

中国はその後、実質経済成長率が平均10%を超える高度成長を20年間ほど続けます。バブル期と呼ばれた時期でも１９８９年の日本の実質経済成長率は４・９％です。２０１０年には日本を抜いてＧＤＰ世界第二位になりました。２０１２年以降は穏やかな成長率になったとはいうものの平均７％を維持し、２０２０年前半はコロナ禍の影響でマイナス成長となりましたが、同年７月以降は回復傾向を示しています。

鄧小平

習近平

さて、中国は何のために経済成長しているのでしょうか。２０１９年の10月、習近平国家主席は、新中国成立70周年祝賀大会の演説を《奮闘目標「２つの１００年」を実現するために、中華民族の偉大な復興という中国の夢を実現するために奮闘努力しなければならない》という言葉で締めくくりました。

「２つの１００年」とは何でしょうか。

2021年に迎える中国共産党創設100周年と、2049年の建国100周年を指しています。そして、建国100年時の中国は米軍と並ぶ世界一流の軍を持つ国家になるだろうし、そうなるべきだ、としています。つまり、中国において経済の成長は、伝統的にすべて軍備拡張のためにあります。軍事力こそ中華民族の偉大な復興の礎であると規定しているのです。国民の幸福と福祉のために経済を考えているわけではありません。

中国が現在、アジアの平和と秩序を維持する上で大きな脅威となっている背景には、日本が提供してきたODAをはじめとする甘やかしがありました。これは、実は、アメリカにおいても同じことが言えます。

ハドソン研究所中国戦略センター所長ならびに国防総省顧問を務める政治学者マイケル・ピルズベリーが2015年、『The Hundred-Year Marathon: China's Secret Strategy to Replace America as the Global Superpower.』（邦題『China 2049 秘密裏に遂行される「世界覇権100年戦略」』（森本敏・解説、野中香方子・訳、日経BP））という本を出版しました。かつては中国に好意的な立場に立ってもいたピルズベリーは2049年の建国100周年までの中国の目論見を「100年マラソン」と表現し、この本に関するネットメディア「PRESIDENT Online」のインタビューの中で、中国は《世界に君臨する「覇」を目指している》としています。

インタビューの中でピルズベリーは《朝鮮戦争では、アメリカに敵対した中国だが、1972年のニクソン訪中を機に「遅れている中国を助けてやれば、やがて民主的で平和的な大国になる。決して、世界支配を目論むような野望を持つことはない」とアメリカの対中政策決定者に信じ込ませてしまった》とし、《米ソに比べて国力が劣る中国は、自らの戦略を見直し、アメリカとソ連がデタント（緊張緩和）だったにもかかわらず、「ソ連はならず者国家なので一緒に戦おう」と近づいてきた。超大国2つを競い合わせながら、一方でアメリカから経済的、技術的援助を受けるという〝漁夫の利〟を狙った実にしたたかなやり方だ》としています。そして、冷戦時代、《アメリカと中国は綿密に協力し合ってきた》、《なかでも鄧小平は、彼の外交方針として改革開放を打ち出し、文化大革命によって荒廃した国土に4つの経済特区を指定することで経済成長を促した。それをアメリカ

マイケル・ピルズベリー

キッシンジャー（左）と毛沢東（右）。中央は周恩来（1972年）

は、他国との摩擦を避け、経済建設に専念する施策だと理解し、最恵国待遇での援助を続けたのである。いってみれば、鄧小平は、アメリカから強力な支援を取り付けることに最も成功した共産党指導者だったと考えてさしつかえない》としています。

ニクソン政権下で米中国交樹立を進めたのは、当時国家安全保障問題担当大統領補佐官のヘンリー・キッシンジャーです。キッシンジャーは「金を貰ってアメリカを中国に売り渡した」とまで言われ、中国をここまでの脅威にした張本人だと言われる人物です。

そうしたことの真偽は定かではありませんが、いずれにせよ中国の、特に軍事戦略に対して甘い見方を持つ人たちをアメリカでは「パンダハガー（panda hugger）」と呼びます。パンダをハグする人々、という意味です。

また、在米の政治アナリストである伊藤貫氏が『中国の「核」が世界を制す』（ＰＨＰ研究所、２００６年）の中で、元米大統領のビル・クリントン、ヒラリー・クリントン夫妻の、いわゆるチャイナマネーとの深い関係について言及しています。インドネシアの華僑《かきょう》財閥・リアディ家が所有し、銀行業・不動産業・流通業・観光業等を経営するリッポ・グループ（力宝集団）という企業集団があります。クリントン夫妻は《1992年の大統領選に出馬したとき、リアディから少なくとも125万ドルの賄賂》を受け取り、《1996年の大統領選挙では、リアディからクリントン夫妻へ、はるかに巨額な賄賂》が動きました。リッポ財閥とクリントン夫妻との癒着《ゆちゃく》は少なくとも1983年から始まっていて、《中国共産党と人民解放軍は、クリントン夫妻に対して多額の贈賄をするパイプとして、インドネシア・香港・中国に拠点を持つリッポ・グループを使用した》ということです。

第２期の大統領就任式に出席するため行進するクリントン夫妻（1997年１月20日）

　こうした、チャイナマネーと深い関係にある人たちのことも「パンダハガー」と呼びます。対して、親中派に異議を唱え、反中の立場に立つ政策に同調する人たちを「ドラゴンスレイヤー（dragon slayer）」と言います。中国をドラゴン（龍）に例えて、それを打ち倒す人、という意味です。アメリカの民主党の政治家たちはおおむねパンダハガーですが、共和党の中にもパンダハガーはいます。キッシンジャーは共和党です。

そして、パンダハガーには、共通している思想、考え方があります。彼らはみな、例外なくグローバリストであるということです。

グローバリズムとアメリカ

グローバリズム（globalism）は、言葉通りに訳せば地球主義ということですが、具体的に言うと、多国籍企業が国境を越えて地球規模で経済活動を展開したり、自由貿易と市場主義経済を世界中に拡大させることを、素晴らしいことであり、この世の正義だと考える主義主張のことです。国連のような世界規模の組織もまた、グローバリズムの思想に則って運営されるものです。

日本の、特にいわゆる平和主義者の人たちは、世界中のみんなで助け合おう、ということがグローバリズムだと考えているようです。とりわけ国連はそのための組織だと考えていて崇拝さえしているようです。これは勘違いの妄想です。

グローバリズムということを、アメリカの国益に沿って考えてみましょう。アメリカ側から考えれば、グローバリズムは、すべてのお金をアメリカが出して世界中が好き勝手にやる、ということに他なりません。そこに異を唱えたのがドナルド・トランプでした。

１９４９年に締結された北大西洋条約で誕生したＮＡＴＯ（北大西洋条約機構）が、最初はそうでした。ソ連から西ヨーロッパ諸国を守るためにできた機構でしたが、その運営費用については、おおかたはアメリカ側が出しました。つい先ごろまでそれは変わりませんでした。

就任演説を行うトランプ

トランプは２０１６年の大統領選挙運動中からテレビ討論などで「ＮＡＴＯ加盟国の大半は応分のコストを負担していない。不満だ」と述べていました。「ＮＡＴＯは無用の長物で、アメリカにとって良い取引ではない」とも言いました。

テロに対応していないから時代遅れだ、とも言い、それについてはＮＡＴＯのイェンス・ストルテンベルグ事務総長とのホワイトハウスでの会談で、認識を新たにした、と撤回しましたが、2017年5月、初めて出席したNATO首脳会議で、各国の分担金負担が不十分だと文句をぶちまけます。ドイツの防衛費GDP比率1・2%とは何事だ、メルケルさん、なにやってんだもっと出せ、といった具合です。

トランプ大統領は、加盟諸国の防衛費GDP比率を最低でも2%まで引き上げるように要請し、22%だったアメリカの拠出金比率を16%まで引き下げるよう要求しました。ドイツの14・8%に見合う数字ということです。ドイツは2021年を機に拠出金をアメリカと同水準に引き上げると見られています。

1994年に発効したNAFTA(北米自由貿易協定)も、問題の多い協定となっていました。アメリカ、カナダ、メキシコの3カ国間で結ばれた経済協定ですが、しばらくは優遇措置を設けてメキシコの経済レベルおよび国民の生活レベルを上げよう、ということで始まったものです。アメリカはメキシコの貧しさのためにやってくる不法を含めた移民で悩んでいました。しかし、NAFTA発効から20年もたてばメキシコの経済レベルもすでに上がっています。選挙戦の段階で見直しを掲げていたトランプ大統領は、2017年11月には、USMCA(アメリカ・メキシコ・カナダ協定)、いわゆる「新ＮＡＦＴＡ」の協定文に署名しました。よりフェアなものに切り替えたわけです。

トランプ大統領はまた、２０１９年11月にパリ協定からの正式離脱を国連に通告しました。パリ協定は、２０１５年に国連の会議で採択された、１８７の国と地域が締結する、世界の温室効果ガスの排出量を２０５０年以降に実質的にゼロにすることを目標に掲げた協定です。

トランプはパリ協定を「一方的で金がかかる恐ろしい協定」と表現しています。中国が目標達成努力を課せられない発展途上国扱いの枠となっていました。ＧＤＰ世界第二位の中国はまったく温室効果ガスの排出量を減らしていないのにアメリカが減らさなければいけないのはどういうことだ、というわけです。そこに金を出せというのは馬鹿げている、ということで離

二酸化炭素（CO_2）排出量の多い国

順位	国名	排出量(トン)※
1	中華人民共和国（中国）	93億200万
2	アメリカ合衆国（米国）	47億6,130万
3	インド	21億6,160万
4	ロシア	15億3,690万
5	日本	11億3,240万
6	ドイツ	7億1,880万
7	大韓民国（韓国）	6億
8	イラン	5億6,710万
9	カナダ	5億4,780万
10	サウジアラビア	5億3,220万

※エネルギー起源CO_2(各種エネルギーの利用時に発生したCO_2)の排出量
出典：外務省ホームページ（https://www.mofa.go.jp/mofaj/kids/ranking/co2.html）

脱しました。現実問題としては、協定を離脱したところでアメリカは毎年CO_2の排出量を減らしています。

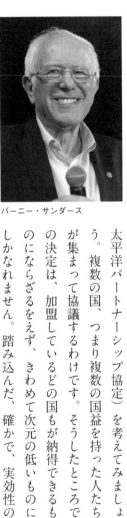

いくつかの例を挙げました。こうしたトランプ大統領の方針と決断を、グローバリズムを信奉する勢力、米民主党などは、恥ずべきことだ、とします。パリ協定離脱について民主党とともに活動する民主社会主義者であるバーニー・サンダースなどは「世界を気候変動による大惨事に陥れるのは誇るべきことではない」という論調を貼りました。日本のマスコミも、トランプ大統領のこうした政策を横暴だと避難するばかりです。

バーニー・サンダース

グローバリストたちは、大事なポイントを見逃しています。たとえば、TPP（環太平洋パートナーシップ協定）を考えてみましょう。複数の国、つまり複数の国益を持った人たちが集まって協議するわけです。そうしたところでの決定は、加盟しているどの国もが納得できるものにならざるをえず、きわめて次元の低いものにしかなれません。踏み込んだ、確かで、実効性のあるものにはならないのです。

グローバリズムは、まったく妙なイデオロギーです。歴史的に見れば、一時の流行《はや》りのひとつでしかないでしょう。ファッションとして存在していて、ファッションであるだけにインパクトの強い瞬間も時にはある、という程度のものです。グローバリズムと言っておけば頭がよさそうに見えると考えている人も多いのでしょう。

ドナルド・トランプはそれを壊しました。グローバルつまり世界の各国がみな、ということではなく、二国間で話し合ってお互いが納得できるところだけ合意しておけばいい、というのが基本です。二国以外の他の国はどうでもいいのです。グローバリズムと言ったところで、ＴＰＰなどは、加盟国すべて、その中でいかに得ができるかという利己的な考え方で参加しています。

そして、グローバリズムのさらにまずいところは、「効率が悪いところが儲かる」というところです。グローバリズムは、みんなで協力し合ってそれぞれが分担してやれば効率が上がる、という思想です。しかし、そうはなりません。逆です。グローバリズムに則って何かしらの協定や機関が組織された場合、後進の、たとえばメキシコや、後進のふりをした中国がバカバカしく儲かる、というだけなのです。

グローバリストは、国内では社会主義を主張する傾向にあります。社会主義は国内グローバリズムと言ってもよく、資産の再分配ということを盛んに言います。金持ちから金をとって貧しい人にあげる、ということなのですが、これは、ものすごく効率の悪いことです。分配ではなく貧しいとされる人たちが金を稼げるような仕組みをつくる方がはるかに効率がよく、それを実現できるのが資本主義というシステムでもあります。

社会主義国・ソ連が崩壊し、国営だった企業がロシアにおいて民営化するときには多くのコンサルタントがアメリカから行きました。その中のひとりから聞きましたが、元ソ連の人たちは何ひとつ自分で工夫することができなかったそうです。言われたことしかせず、言われない限り動かない。社会主義という国内グローバリズムは、そういった人間を生み出すばかりです。

また、グローバリストたる左寄りの人たちは、アメリカが世界のリーダーシップをとる、ということを盛んに言います。リーダーシップの存在は百害あって一利なしです。国連など国際機関の状態を見てご覧なさい、と言いたい。今、どこがリーダーシップをとっているでしょうか。中国です。

中国は今、国連をはじめとする国際機関を次々と傘下におさめています。国際民間航空機関（ＩＣＡＯ）ではキーポジションを牛耳って台湾の参加を阻んでいます。国連人権理事会では、中国の代表が自国の人権侵害の精査を拒む一方、国家主権、社会的調和といった概念を自由主義よりも独裁体制に適したものに変えようとしています。国連経済社会局の事務局長は現在中国人ですが、その立場を利用して、中国政府が新疆《しんきょう》の極西地域におけるウイグル民族弾圧に抗議する人々や組織の活動意義を否定しています。

最も危険だと思うのは、２０１４年に国連の国際電気通信連合の事務総長が中国人になってから、国連が、中国の「デジタル一帯一路プロジェクト」を支持する側に回ったことです。このプロジェクトは、中国の先進通信ネットワーク支配を可能にします。インターネットというものを、オープンなものから中国の権威主義的支配に役立たせるツールにすることを可能にしてしまうのです。

中国はハイテクを牛耳ろうとしているわけです。グローバリズムという美辞麗句の中で動くことを中国は覚えました。油断は禁物です。性善説の国はたちどころにやられてしまうでしょう。日本は特に注意すべきです。

アメリカの、冗談のような言葉狩り

グローバリズムはまた、そのイデオロギーにおいて、平等、中立ということを金科玉条のように言います。

それぞれの国や地域、民族で習慣やルールが異なることはグローバリズムの邪魔になるからです。グローバリストは多文化共生ということを言いますが、これは、それぞれの文化を尊重して大切にしようということではありません。むしろ、文化を消滅させようとするのが多文化共生の本質です。

一時期、アメリカで、クリスマス休暇の時の挨拶は「ハッピー・ホリデー」という言葉を使うべきだという論調が高まりました。キリスト教徒以外の人たちが気分を害するだろうから「メリー・クリスマス」は使うべきではないという理屈です。

これが、今のアメリカに蔓延している「PC（ポリティカル・コレクトネス。政治的正当性）」という風潮です。PCは、性別や年齢、人種、宗教、民族、障碍《しょうがい》など、差異があって当然であるあらゆる面で「政治的に中立」な言葉の使用を義務づけます。

マーク・トウェインというアメリカの小説家をご存知でしょうか。日本では『トム・

ソーヤーの冒険』という作品でよく知られていると思います。この作家の『ハックルベリー・フィンの冒険』が、アメリカの教育現場から追放されました。黒人の蔑称《べっしょう》とされている「nigger（ニガー）」という言葉が作品の中に頻出するからです。『ハックルベリー・フィンの冒険』は黒人の奴隷制度を描いた作品で、当時使われていた言葉が出てくるのは当然です。しかし、ＰＣに照らし合わせれば、これはダメです。また、この作品は、自由を得ようとする黒人奴隷を手助けすることの葛藤を描いたものであり、どうしても、そこで使うべき言葉というものがあります。しかし、ＰＣに照らし合わせればこれもダメです。ＰＣは、意義や価値、文脈といったものはすべて、あえて無視して、暴力的に言葉を排除します。

『ハックルベリー・フィンの冒険』はいわゆる名作といわれるものです。だから、大学では教えられるようです。しかし、「nigger」という言葉を聞いて気分が悪くなるかもしれない人が出た場合のために休憩室・救護室の利用をアドバイスされるというのです。

これは言論弾圧でしょう。しかし、言論弾圧よりもＰＣが上位にくるのが今のアメリカの実際です。現代の価値観からすれば奴隷制度は許されることではない、というのは当然です。しかし、差別的な言葉が使われているという理由だけで名著を抹殺し、アメリカ史の負の側面を直視する機会を失わせてしまうことが果たして許されるのでしょうか。

先にお話しした、バージニア州のシャーロッツビルのデモ事件は、ロバート・E・リー将軍の銅像の撤去問題で発生しました。リー将軍は南北戦争で南部連合軍を率いた将軍です。撤去すべきだという主張は、奴隷制度を維持しようとした南部連合軍の将軍の像であるから、という理由によります。PCに則った主張です。

「リー将軍の銅像は奴隷制の象徴だから撤去すべきだ」とするなら、ジョージ・ワシントンやトーマス・ジェファーソンなど、奴隷を所有していた歴代大統領はどうなるのでしょうか。彼らの銅像や記念館も打ち壊すべきなのでしょうか。

物事を歴史を遡って断罪することは間違っています。現代の価値観に合わない歴史上の出来事や人物をこの世から抹消して見えなくしたところで、たとえば差別はなくなりません。シャーロッツビルのデモ事件のような無用な対立を生むだけであり、PCはおそらくそのためにあります。対立を利用する分断統治のために生み出された左派勢力の新兵器でしょう。

人工妊娠中絶という問題もPCによって混乱しています。主に宗教的理由から人工妊娠中絶に反対するアメリカ人は少なくありません。しかしPCは、「中絶は女性の権利である」という主張の一点張りを許します。異論を一切排除し、「中絶に異を唱える＝女性の権利を侵害する」と決めつけるレッテル貼りを許し、徹底的な攻撃を許します。

LGBTの問題も同様です。同性愛者の同性結婚は素晴らしいと思っている人もいれば、否定する人もいます。私は個人的にはゲイの存在を認めていますし、ゲイの友人もいます。ただし、そこには、彼らが自分たちのライフスタイルを追求することで社会的コストが上がるという別の視点からの問題もあります。

いわゆるストレートの人たちの人権以上にLGBTの人権を保護しろと強硬に主張する勢力もあります。そこには、新たな被害者ビジネスが生まれます。または、それを狙って運動している人たちもいます。

こうした弊害があるから「問題」という言葉がつきます。しかし、今のアメリカは、そうした議論さえ許されない雰囲気です。PCは、議論すること自体が差別であり人権侵害だとしてしまうからです。

言論空間はもちろん、ＰＣは、普通の生活をも息苦しいものとしています。ＰＣによって行われるレッテル貼り、徹底的な糾弾《きゅうだん》は、中世ヨーロッパの魔女狩りやソ連の粛清、ナチスドイツの宣伝戦、中国共産党の人民裁判をも彷彿《ほうふつ》とさせます。ＰＣによる全体主義です。

アメリカの多くの人たちは、ＰＣにほとほとうんざりしているのです。トランプは大統領就任後初めてのクリスマスに、次のような内容のツイートをつぶやきました。

「人々は〝メリー・クリスマス〟と再び言えることを誇りに思っている。われわれが大切にする美しい言葉に対する非難への反対論を導けたことを、私は誇りに思う。メリー・クリスマス」

トランプという大統領が誕生した理由、そして多くの支持を受けている理由がこんなところからもわかります。マスコミは、日本のメディアを含めて、トランプ大統領はアメリカ人を分断して混乱させる悪い大統領だというイメージを一貫して伝え続けていました。

果たして本当にそうなのか、平等と中立の名のもとに展開されているＰＣが、実際にはどのように働いてしまっているのか、そして、それは一定勢力が意図して利用しているものではないのか、ということを日本の人たちもちゃんと把握して認識しておくべきでしょう。

日米に共通する、左翼は進歩的という感覚

日本でPCは、アメリカほど深刻な事態は引き起こしていないようです。しかし、いわゆる平和主義の考え方はPCに近いものがあります。2017年6月、作家の百《ひゃく》田尚樹《たなおき》氏が登壇を予定していた一橋大学での講演会が一部の学生団体の圧力によって中止されるという出来事がありました。百田氏は「差別扇動者」であるから、という理由です。これは明らかにPCです。

PCのように、平等、中立、権利などというワードを都合よく使って全体主義をなしていく左翼勢力は、アメリカでは一定数を常に占めています。もともとが強い宗教社会から始まって、移民を前提とし、残念ながら人種差別も根強く残っているアメリカ社会では、それに抵抗する意味合いで左翼勢力の思想に惹かれる人たちが出てくるのは、いわば当然の話でもあります。

「キリスト教の原則や戒律から自由になりたい」という欲求の存在は否定できないでしょう。「白人ばかりでなく、有色人種や移民、難民などのマイノリティ（少数派）も、生命、自由、幸福の追求という権利が保障される社会にしたい」という願いもあるでしょう。そこには反差別や弱者保護を利権としたい事業者や票田としたい政治家の影がちらつくにしてもです。

1970年代の学生運動が華やかなりし頃、日本の学生たちはこぞって、朝日新聞社が発行するオピニオン誌『朝日ジャーナル』を小脇に抱えて意気揚々と街中を歩いていたといいます。自分は左翼であると主張すること、周囲からそう思われることがカッコ良かったわけです。

朝日新聞の信用度も部数も落ちて、昔ほどではないにしろ、今でも左翼に惹かれる人たちは日本に多くいます。アメリカとは事情の違う日本で左翼思想がはびこる理由はどこにあるのでしょうか。

少々説明が必要になりますが、私は、日本のリーダーには伝統的に「徳」というものが求められてきたというところにその理由があるのではないかと思っています。

日本の政治は古来、天皇と民とが共に手を取り合って行われていくものでした。これは、『日本書紀』に書かれている第16代仁徳《にんとく》天皇の「民《たみ》のかまど」というエピソードに象徴されるでしょう。

仁徳天皇はある日、高いところにのぼって、民の家々から炊事の煙が立っていないことに気が付きます。

天皇は「向こう三年、税金と賦役をやめて、民の苦しみを軽減するように」と役人に命じます。宮殿の屋根が壊れて雨漏りがしても垣根が崩れてもそのままです。三年が経ち、家々から炊事の煙がたくさん上がっているのを見て、天皇は皇后に「私は豊かになった。憂いはない」と言います。「宮殿の屋根も垣根も傷んでいるのにどうして豊かなのですか」といぶかる皇后に天皇はこう答えます。「国とは民をもって本《もと》とするのだ。民が貧しいのは私が貧しいということだ。民が富んでいるのは私が富んでいるということだ」。

　このような心がけを、日本はリーダーに求め続けてきました。税金を安くしたり、中央の財政を

『東錦昼夜競』より「仁徳天皇」（部分）。1886年（明治19年）楊洲周延 画

使って治水などの土木工事を行うことを「仁政《じんせい》」と呼びます。戦国時代の武将の中にも、江戸時代の藩主の中にも、仁政を心がけて一般人から慕われた人は少なからずいました。

「国とは民をもって本とする。民が貧しいのは私が貧しいということ」という思想こそ「徳」の精神です。私は、この「徳」の精神をリーダーに求める気持ちが、日本人の中の左翼思想への共感を支えているのではないかと思います。

人種差別の解消を求めた公民権運動の指導者として知られる、マーティン・ルーサー・キング・ジュニア牧師の有名な演説「I Have a Dream（私には夢がある）」（1963年）の中に次の内容の一節があります。

マーティン・ルーサー・キング・ジュニア

「我々の共和国の建築家たちが合衆国憲法と独立宣言に崇高な言葉を書き記した時、彼らは、あらゆる米国民が継承することになる約束手形に署名したのである。この手形は、すべての人々は、白人と同じく黒人も、生命、自由、そして幸福の追求という不可侵の権利を保障される、という約束だった」

キング牧師のこの言葉は、その後、左翼勢力の運動がアメリカで勢いを増していった背景ともなりました。仁徳天皇の「国とは民をもって本とする。民が貧しいのは私が貧しいということ」は、その精神として、キング牧師の演説に相通じるところがあります。

左翼思想と親和性の高い日本の伝統

日本では、戦前においても、多くのエリートが社会主義的思想に走りました。1936年（昭和11年）に陸軍青年将校らが1483名の下士官と兵を率いて起こしたクーデター未遂事件「二・二六事件」は、農村の困窮を救いたいという動機から発生したものだと聞いています。

戦後もまた多くのエリートが共産主義に共鳴して左翼運動に飛び込みましたが、共産主義・社会主義の裏に潜む欺瞞《ぎまん》を承知していたか、といえば、それは疑問です。

欺瞞とはこういうことです。共産主義者の世界的組織・コミンテルンは、「資本主義は悪で、資本家が政治やメディアなどの権力を牛耳り、国民大衆を搾取している」という主張を世界中に発信し続け、「ソ連のような共産主義国家こそ労働者の天国である」と触れ回りました。

そして、その多くは海外でコミンテルンの教育と指導を受けたわけですが、日本国内の、日本共産党員をはじめとする筋金入りの左翼勢力は、嘘の情報で美化された共産主義社会と、意図的に暗部ばかりをほじくり出された日本の社会というものを比較させ、日本はひどい国である、と不安と絶望をふりまき続けました。すべては、革命を起こして自分たちが権力を奪取するためのプロパガンダです。

共産主義者たちのプロパガンダは周到です。「国とは民をもって本とする。民が貧しいのは私が貧しいということ」という伝統の中にいる日本のエリートたちの心が大いに揺れ動いたことは想像できます。

「国とは民をもって本とする。民が貧しいのは私が貧しいということ」という仁徳天皇の言葉と左翼勢力の思想とを結びつけるのは、日本の右派、左派ともに抵抗を感じるところではないでしょうか。これは、アメリカ人である私だからこそ口にできることかもしれません。

心優しい、という日本人の根幹に関係があると考えているわけです。

東日本大震災に際して出された当時天皇、現・上皇陛下のお言葉や、遡れば、先の戦争に破れた直後の昭和天皇の「新日本建設に関する勅書」、明治維新の時の「五箇条の御誓文」、さらに遡れば、天皇でこそありませんが聖徳太子の「十七条憲法」など、私は、こうした日本の精神的な遺産をうらやましく思うばかりです。

日本における民主主義は、先の戦争に破れたおかげでGHQによってもたらされたものではありません。

十七条憲法にも見え、五箇条の御誓文に具体的に書かれていたものです。「広く会議を興し、万機公論に決すべし」、「上下心を一にして、さかんに経綸を行うべし」、「官武一途庶民《かんぶいっとしょみん》にいたるまで、おのおのその志を遂げ、人心をして倦《う》まざらしめんことを要す」。広く人材を集めて議論を行い、公正な意見を持って結論を出せ、身分の上下を問わずに国のことを語れ、文官武官一般庶民すべてが志すところを達成し希望を失わないことが重要だ。

これもまた、見方によっては、左翼思想を勇気づけている伝統のようにも思えます。

左翼思想と対決するには

左翼思想に対峙《たいじ》する存在を、日本でもアメリカでも一般的に「保守勢力」と言います。保守勢力が左翼勢力に対抗していくということは、実は簡単な話ではありません。

アメリカの左翼思想には、キリスト教的な正義感がスタートとしてあり、独立宣言や合衆国憲法に書かれた理想というものを根拠にしている部分があります。公民権運動を率いたキング牧師は、キリスト教の牧師であり、独立宣言や合衆国憲法を尊重してやまない人でした。

左翼勢力が弊害をもたらしてしまう場合には、保守勢力が対抗していくわけですが、それを支えるのがアメリカに伝統として存在する自助自立の精神とキリスト教の精神です。「銃を保持する権利」に代表されるのですが、アメリカ人には自助の精神を重んじて権力が過剰に介入してくることを嫌うという精神があります。キリスト教の原則や戒律に忠実に生きていくという頑固さもあります。保守勢力が社会に根づいているので、トランプ大統領の誕生といったことも起こったわけです。

日本の場合、保守勢力が根拠とするのは、まずは天皇が示してきた伝統でしょう。

しかし、そうした、仁徳天皇の民のかまどの精神や、明治天皇の五箇条の御誓文の精神は、左翼勢力が共感するものでもあります。左翼勢力の横暴が目に余る場合、日本の保守勢力はどう対抗していけばいいのでしょうか。

共産党をはじめとする左翼勢力から、ゆがんだかたちの「徳」を奪い返せばいいでしょう。日本の伝統として根付いている本物の「自由」と「平等」を奪い返せばいいのです。

日本の左翼勢力は「自由」と「平等」を自らの運動のために利用しているだけです。利用することが目的で、運動を正当化するために使うことができなければいけないので、その意味はたいへんいびつです。

左翼勢力の言う「自由」は、自分たちは何でも主張していいという自由です。そこでは、反対意見を持つ人が発言する自由は尊重されません。意見をまともに聞くことはない、と言うことです。

左翼勢力の言う「平等」とは結果の平等です。わかりやすい例でいえば、小学校の運動会の徒競走で、出場する全員が最後には全員で手をつないで一緒にゴールする、といったことです。順位をつけると格差や差別が起こる、という主張です。また、弁当の禁止も「結果の平等」の一種です。粗末な弁当を持ってくる子がいた場合、その子は劣等感を覚えるからいけないというわけです。

左翼勢力がなぜ結果の平等をありがたがるかといえば、結果の平等は目に明らかで、簡単に「運動化」することができるからです。運動が起これば、そこには利権が生まれます。問題が解決されるかどうかはどうでもいいと考えているといっていいでしょう。

結果の平等はダメだということの説明は簡単です。結果の平等にこだわれば、すべてはお金で解決できることになり、最終的には人間を堕落させます。依存心が依存症にまで進むことは間違いなく、経済の停滞と治安の悪化を呼びます。国全体が蝕《むしば》まれていくことになるわけです。

保守勢力が大事にすべきなのは「機会の平等」です。これは、個々の違いをお互いに認め合いましょう、ということです。そのためには、「何人に対しても機会は平等に与えられるべきだ」という精神については頑固でなければいけません。

たとえばこういうことです。アメリカでは、就職に応募する場合、履歴書に写真をつけません。年齢や性別すらも書かない場合が多いのです。家族構成などは絶対に書きません。障碍があっても、書いてはいけません。

面接官が尋ねるのは「私たちが求めている仕事があなたにはできるか？」ということだけです。そして、ここがアメリカらしいところだと思いますが、「できる」の認識が、おそらく日本とは違います。たとえば障碍者が「できる」と言った場合には、「会社が合理的な対応をすればできる」という意味が含まれます。つまり、会社には車椅子《くるまいす》用のスロープがあったり、オフィスがバリアフリー構造となっている、といった対応が求められます。これを、「機会についてはすべて平等」というわけです。

一方、企業側にも言い分があります。たとえば年間売上が一億円の会社が三千万円をかけてバリアフリー改築することは考えにくいことです。そういう場合には、障碍者であることを理由に採用しません。しかし、大企業であればバリアフリーは当然だろうと考える。こうしたことを「合理的な対応」というわけです。機会を与える側にも努力を求めるのが「機会の平等」ということであり、右記のようなことを「弱者を助ける」と言うのです。

共和党と民主党の違いの勘違い

日本では民主党は左翼的なリベラル政党だと考えられています。一方、共和党は保守政党だと考えられています。それはその通りなのですが、日本人がイメージしているリベラル政党と民主党、保守政党と共和党は、その実際がだいぶ違うのではないかと思いますので、そのポイントをひとつだけ、集中して説明しておきましょう。

つまり、民主党と共和党では、どちらが戦争を起こしやすいか、ということです。

現代の日本人が戦争のイメージを強く持つアメリカの大統領は誰でしょうか。おそらく、「強いアメリカ」というスローガンを掲げ、グレナダ侵攻も実施し、スターウォーズ計画に着手したロナルド・レーガン（任期：1981年1月20日～1989年1月20日）がまずあがるでしょう。そして、やはり、湾岸戦争を起こし、同時多発テロ当時の大統領でもあったジョージ・H・W・ブッシュ（任期：1989年1月20日～1993年1月20日）と

ロナルド・レーガン

ジョージ・H・W・ブッシュ

いうことになるでしょう。

レーガンもブッシュも共和党の大統領です。そのために日本人の多くは、戦争を引き起こすのは常に共和党だというイメージを持っている人が多いのではないかと思いますが、実際は民主党の連中のほうが戦争を引き起こします。民主党と言うよりも、ヤンキーダム（Yankeedom）と呼ばれる地域の民主党員をはじめとする人々と言ったほうがいいかもしれません。

ヤンキーダムは、アメリカの北東部の地域を指します。いわゆる左翼勢力エリアと言ってよく、民主党の根強い支持基盤です。外国の政府に対してより積極的に介入し、強い指導を行います。したがって、それに対抗してくる勢力に対してはためらわずに武力で戦います。

南北戦争を起こしたリンカーンは共和党ですがヤンキーダムの人間です。生まれはケンタッキー州なのですが、初めて出た州議会はヤンキーダムであるイリノイ州です。当時の共和党は、北部の白人プロテスタントを支持基盤としていました。

ウッドロー・ウイルソン

第一次世界大戦に参戦を決めたのは、民主党のウッドロー・ウィルソン（任期：1913年3月4日～1921年3月4日）でした。当初の中立姿勢を放棄して「戦争を終わらせるための戦争」として第一次世界大戦への参戦を決断しました。新世界秩序を掲げてパリ講和会議を主宰、国際連盟の創設に尽力しました。アンドリュー・ジャクソンとともに最も人種差別が強い二人の大統領の一人と言われています。

そして決定的なのは、第二次世界大戦の参戦に踏み切った民主党のフランクリン・ルーズベルトです。フランクリン・ルーズベルトはヤンキーダムであるとも、ニュー・ネザーランド（New Netherland）であるとも言うことができます。ニュー・ネザーランドを象徴する都市がニューヨークです。彼はニューヨーク州知事を経験しています。ハーバード大学出身のフランクリン・ルーズベルトは民主党の中でも革新派でした。いまの民主党はこのルーズベルトの考え方を継承していると言っていいでしょう。

フランクリン・ルーズベルトは、大戦時は二期目にあり、ヨーロッパで展開されている戦争に対して中立の立場を守っていました。先の第一次世界大戦は大量の若者の戦死者を生み、世論は厭戦《えんせん》気分に満ちていたのです。

　しかし、フランクリン・ルーズベルトは参戦します。世界恐慌で傷んだアメリカの経済再興に戦時景気がどうしても必要だったからだと考えられています。フランクリン・ルーズベルトは謀略をもって日本を追い詰めて真珠湾攻撃を行わせ、アメリカの世論を好戦に向けることに成功します。

大西洋会談。戦艦上のルーズベルトとチャーチル

　フランクリン・ルーズベルトはアメリカ政治史上でただひとり、４選された大統領です。初代のジョージ・ワシントン大統領が３選を固辞したことから大統領は２選までが慣例となっていましたが、彼は戦時であることを理由にして２選以後も１９４０年と１９４４年の２回の大統領選に立候補し当選しています。

　第二次世界大戦では40万人以上のアメリカ兵が犠牲になりました。外国への積極介入を志向するというヤンキーダムの特徴は、世界の指導者ということでスターリン、ウィンストン・チャーチルとともに戦後処理にあたったということからもよくわかるでしょう。

フランクリン・ルーズベルトが、世界のリーダーというスタイルのアメリカをつくったことは確かでしょう。また、外国への積極介入はグローバリズムに直結します。現代の中国の動向を見てもわかる通り、このグローバリズムこそが戦争の危険を最も大きくはらんでいるのです。

第五章

日本の欠点とアメリカの美点

左翼＝リベラル？

日本には、2020年10月現在で、立憲民主党、国民民主党、社会民主党、日本共産党、れいわ新選組などの左翼系勢力としての野党があります。しかし、左翼系勢力は「左翼」と呼ばれることは好みません。自らも「左翼」とは名乗りません。

マスコミもまた、彼らを「左翼」とはしません。どう呼んでいるかというと、「リベラル」です。たとえば、2020年10月現在、直近の衆議院選挙は2017年に行われましたが、その時には次のように表現されていました。

《枝野氏が新党を結成することで、10日公示の衆院選は「自民・公明」、「民進合流組を含む希望」、「枝野氏らの新党とそれに連携する共産などリベラル勢力」——という三つどもえの構図となる》（朝日新聞、2017年10月2日付夕刊）

また、2020年7月13日付で、同じく朝日新聞のデジタル版に、米大統領選を間近にしたかたちで「サンダース氏ら米リベラル系と連携へ　日本の野党が議連」というタイトルの記事があり、記事の出だしは次のようなものでした。

《日米それぞれのリベラル系議員の連携を目的として、日本の野党超党派の議員たちが「日本プログレッシブ議連」を立ち上げた。米民主党議連との間で、基地や環境問題をめぐり議員外交を進めるねらい。月内にも日米合同のオンライン会合を開く方向だ》

オンライン会合というのが時節を物語っていますが、ここには、「リベラル」と一緒に「プログレッシブ」というワードが登場しています。たいへんおもしろいポイントですので覚えておいてください。「プログレッシブ」というワードについては後で説明します。

私は、日本のメディアの「リベラル」という言葉の使い方にかなりの違和感があります。共産党の活動が1954年に連邦法で非合法とされたアメリカで育った私にとっては、特に共産党が「リベラル」とされることについては、「えーっ!?」です。

これは、ドイツを例にとってみるとわかりやすいと思います。西ドイツでは戦後すぐに、ドイツ共産党は違憲とされました。戦前にナチスが民主主義の手続きを悪用して政権を奪取したことを真摯《しんし》に反省して、「自由主義や民主主義を否定し、連邦共和国の破壊をめざす政党は違憲」としたためです。

多くの人はヒトラーのナチスを「極右」だと思っているかもしれません。勘違いです。ナチスの正式な日本語名は「ドイツ国家社会主義労働者党」。極左が全体主義へと至った典型的な例です。西ドイツが共産党を「自由主義や民主主義を否定する悪しき政党」と認定して排除したのは、ナチスの記憶があるためです。

アドルフ・ヒトラー

リベラル(liberal)は、リベラリズム(liberalism)を掲げることですが、リベラリズムとは日本語に訳せば文字通り「自由主義」のことです。崩壊したソ連や今の中国を見ればわかる通り、社会主義や共産主義は、いくら自由や平等を標榜したところで自由な言論は許されず、検閲や言論弾圧は当たり前で、閉鎖的で全体主義的となるのが実際のところです。

しかし日本では、コミンテルン日本支部が、そもそものルーツである日本共産党を「リベラル」とします。2017年の衆院選の時のテレビ東京の開票特番で「政界　悪魔の辞典」という企画がありました。そこでは、リベラルを次のように説明していました。

《「リベラル」＝左翼と呼ばれたくない人たちの自称》

これこそ、日本の「リベラル」の正しい説明です。マスコミには、このように感心させられることも時にはあります。

左翼→リベラルとなった歴史的背景

左翼と呼ばれたくない人たちが「リベラル」を自称する。ということは、少なくとも「リベラル」はいいものだという考え方が彼らにはあり、一般の日本人にもあるということです。

共産党までがリベラルと言われるようになった背景を、社会学者の竹内洋氏が次のように分析しています。必要十分、見事に説明されていると思いますので、少々長くなりますが紹介しておきましょう。

《九〇年代に社会主義の失敗が多くの人の目に明らかになった。革新のイメージを背後から支えた理想としての社会主義が瓦解《がかい》してしまう。（中略）

かくて九〇年代あたりから左派とその応援部隊は革新を引っ込め、リベラルで上書きしはじめる。そこには陰りが見えた左派隠しが含まれていたことは否めない。（中略）

しかし、ここで首をかしげることもある。リベラルといえば、戦前の河合栄治郎などの自由主義を思い出すべきである。湯浅博氏の『全体主義と闘った男　河合栄治郎』が詳述しているように、彼らは左翼だけはなく、右翼とも闘い、両方から疎《うと》まれ糾弾された。だから、五五年体制のときには、リベラル勢力とは、左右両翼と距離を取る社会党右派とその後裔《こうえい》である民社党（六〇年民主社会党として結成）を指していわれることが多かった。

こういうリベラルについての認識からすると、日本共産党や左派社会党の流れを引く社民党を含めた反自民勢力をリベラルで括るというのは理解しにくい。にもかかわらずなぜリベラルというシンボルが選ばれたのか。

60 年安保闘争　憲法問題研究会が「民主政治を守る講演会」を開催。講演する丸山眞男・東大教授
© 毎日新聞社／アフロ

おそらくその淵源《えんげん》は丸山眞男《まさお》にある。丸山などは敗戦後、世代闘争の思惑もあり、戦前のリベラリストを「オールド・リベラリスト」と命名した。旧世代リベラリストは右翼や軍部と闘うには不十分だったとして、共産主義にシンパシーをもつ「反・反

共産主義」者が自由主義だ（『ある自由主義者への手紙』）とした。
丸山は河合栄治郎などの戦闘的自由主義者の歴史を無視することで、リベラルのイメージを左にシフトしたわけである。この丸山の言明は、共産党コンプレックスをもった左派シンパ層に恰好の立ち位置を与えた。保守の対抗軸の「リベラル」は、その記憶を元にした再生戦略だったといえよう》（産経新聞２０１７年12月15日付「正論」）

つまり、リベラルは政治的な言葉遊びなのです。

多過ぎる、政治の場での言葉遊び

日本の政治において、こうした言葉の乱用は他にもいろいろあります。「平和」という言葉はその代表的なものでしょう。日本の学校教育では「憲法９条を持っている日本は平和主義国家である」と習います。しかし、実際には、憲法９条があるから日本が平和なわけではありません。いくら戦争放棄を謳っていても、日本が侵略されれば、ただちに日本は「平和」ではなくなります。平和を維持しているのは、繰り返し

国別軍事力ランキング2020年版

順位	国名	軍事指数	19年
1	米国	0.0606	-
2	ロシア	0.0681	-
3	中国	0.0691	-
4	インド	0.0953	-
5	日本	0.1501	▲
6	韓国	0.1509	▲
7	フランス	0.1702	▼
8	英国	0.1717	-
9	エジプト	0.1872	▲
10	ブラジル	0.1988	▲
⋮			
25	北朝鮮	0.3718	▼

軍事力指数が0に近いほど軍事力が高い。
出典：グローバル・ファイヤーパワー（GFP）

お話ししているように、日米安全保障条約に基づいて機能している自衛隊と在日米軍による戦争抑止力なのです。

　しかし、政府自身が自衛隊について「戦力ではない」などと言うのが日本という国の政治です。もちろん憲法9条に則ってそう言う以外にないと考えているからですが、アメリカの軍事力評価機関GFP（Global Fire Power）の国別軍事力ランキング2020年版で世界5位に入っている日本の自衛隊が「戦力ではない」わけがありません。それだけの装備がありながら、軍隊であると認めないために、実際に出動する際には法律運用や戦力投射能力においていたずらに足枷《あしかせ》が多くなっているという現実はたいへんおかしなものですし、中国や北朝鮮に足元を見られる要因ともなっています。

メディアや政治家は言葉のプロフェッショナルです。しかし、本来の意味をごまかした言葉遊びによって報道ごっこや政治ごっこをやっているいい加減なメディアや政治家は決して少なくありません。定義をきちんとしないまま、たとえば「護憲」や「立憲主義」などの耳あたりのいい言葉を見つけてきては自らに都合が良く解釈し、「立憲主義違反だ」などとレッテル貼りをするわけですから、彼らの批判や攻撃はあまりにも身勝手なものといえるでしょう。恥ずかしいとは思わないのでしょうか。

リベラルという言葉は、そうして選ばれて使われている言葉だと言っていいと思います。つまり、日本のメディアや政治家にとってリベラルは、「良い」意味で使われる言葉なのですが、リベラル（liberal）が英語である限りは本家本元であるはずのアメリカではだいぶ事情が違います。

もはや恥ずかしい「リベラル」

21世紀に入って、少なくともアメリカの保守的な州の人たちは、「リベラル」という言葉に対して次のようなイメージを持っています。

「腹黒くて胡散臭《うさんくさ》い」「抑圧的で、批判ばかりで、鬱陶《うっとう》しい」「自分たちだけが絶対的正義と考えていて傲慢《ごうまん》」「口だけ達者で無責任」「自分の非を認めない」「身勝手で利己的だから、自分の自由のためなら他人の自由を平気で侵害する」「現実を無視してきれいごとばかりを言う」。

リベラルとは、自由主義である、ということです。なぜ、こんなことになっているのでしょうか。

伝統的にアメリカでは、宗教的な戒律を重んじる生き方を「保守」的（コンサーバティブ）と呼びました。一方、戒律から離れて「わがまま」を主張したい人たちの発言や行動を「リベラル」としていたのです。つまり、ここで言う自由は、宗教からの自由という意味が強かったわけです。

これが20世紀、ソ連の誕生によって社会主義思想が流行したことを背景にして、少数派の権利を声高《こわだか》に主張して福祉政策を重視する立場を指すようになりました。マルクス主義の思想に則って、しいたげられてきた人々の資本主義社会からの自由という意味に取って代わっていったのです。そして、その立場に立つ人の活動が行き過ぎ、かつては確かに「リベラル＝自由主義的」だったものが、ＰＣ（ポリティカル・コレクトネス）に見られるように「リベラル＝全体主義的」として今、捉えられているというわけです。

アメリカでは今、リベラルは「社会に毒を撒き散らす存在」として認識されています。耳当たりのいいことを並べ立てるものの、それは国家の弱体化につながるものだということに多くの人が、気がつき始めているからです。

リベラル勢力とされる人たちは、国家や社会に依存する貧困層を「つくりあげる」のです。なぜなら、それが彼らの票田つまり政治基盤になるからです。そうした「依存症の愚民」の上に強大な権力者として君臨した人物こそ、ソ連のスターリンであり、中国の毛沢東でした。

リベラルは嫌われます。そこでリベラル勢力とされる人たちは、一計を案じました。古臭い言葉になってもいる「リベラル」という言葉を排除して、その代わりに今は、「進歩的」あるいは「革新的」といった意味を持つ「プログレッシブ（progressive）」という呼び方を自称しています。

《日米それぞれのリベラル系議員の連携を目的として、日本の野党超党派の議員たちが「日本プログレッシブ議連」を立ち上げた》という朝日新聞の報道は、そういう意味を持っているわけです。正確に言えば、「プログレッシブ」の主張の内容は「リベラル」とは少し違います。しかし、プログレッシブと名を変えたところで、その本質は変わりません。

少なくとも、今、アメリカ人の前で、「私はリベラルだ」と堂々と言うのはやめておきましょう。恥をかきます。だからこそ、日本の野党超党派の人たちもプログレッシブという名称を使うことにしたのです。

左翼勢力の「戦争をする国にする」詐欺

今後、日本でも、左翼勢力はリベラルではなくプログレッシブを自称していくようになるのかもしれません。どうあれ、それは言葉遊びの範疇を出るものではないように思います。

そうした左翼勢力は日米安全保障条約を、事あるごとに、反政府運動のネタとして利用してきました。2015年（平成27年）1月に内閣府が発表した「自衛隊・防衛問題に関する世論調査」の結果によれば、日本人全体の約10％の人たちは、日米安全保障条約があるために戦争の危険があるとしています。左翼勢力は、そのマインドを大いに利用します。

日米安保条約の改定反対運動は、１９７０年にも起こりました。ベトナム反戦運動や成田空港建設をめぐる成田闘争と結びつくことでかえってテーマは抽象的なものになり、全共闘を中心とした学生運動のムーブメントと化していきます。安保条約改定が決定した後に運動はテロ活動として残り、連合赤軍による１９７２年（昭和47年）のあさま山荘事件もその流れの中で起きました。

60年、70年の安保闘争はともに、安保条約改定反対派は、「アメリカとともに戦争をする国になる」という理屈で闘争を展開しました。１９９２年に公布された国際平和協力法（ＰＫＯ協力法）、１９９９年に成立した周辺事態法（現在の重要影響事態法）、イラク戦争の初期、２００３年末から２００９年初頭まで行われた自衛隊のイラク派遣、２００７年の防衛庁から防衛省への移行の際も、同じ理屈がスローガンになりました。国際平和協力法は国連の平和維持活動等に協力するためにつくられた法律、周辺事態法は日本の周辺地域で武力紛争などが発生した時に日米安全保障条約を効果的に運用するための実務的な法律です。

2014年に施行された特定秘密保護法への反対、2015年の平和安全法制への反対にも、盛んに同じことが繰り返されたのは記憶に新しいことだと思います。

平和安全法制に反対する組織のひとつに、「安保関連法に反対するママの会」という団体がありました。夏の炎天下に子供を連れて反対デモに参加する姿には賛否両論ありましたが、「あなたの子供が徴兵される」というメッセージは主にテレビのワイドショーを通じてずいぶん広まりました。

アメリカはフェミニスト運動のたいへん盛んな国ですが、この「ママの会」のような運動をしている団体はありません。端的にいうと、「ママの会」のような運動は、アメリカでは売国行為にあたります。

前に日本で言う平和主義は不戦主義だというお話をしました。アメリカにも宗教上の理由から不戦主義を掲げる、クェーカー教徒（キリスト教プロテスタント一派であるキリスト友会）をはじめとする人たちがいるということも述べました。

しかし、そういう彼らも徴兵は拒否しません。ただし、アメリカは宗教の自由を憲法で保障していますから、彼らを戦地の最前線には送らず、負傷者のケアやロジスティックス（物資の運搬）などの後方部隊に回します。

そして、実は、ここがアメリカの左翼勢力と日本の左翼勢力の決定的な違い、と言うことができるでしょう。

アメリカと日本、左翼勢力の決定的な違い

今はプログレッシブを自称することが多いアメリカのリベラル、つまり左翼勢力は、国を愛し、国を守る意識をちゃんと持っています。たとえば、日本のあるテレビコメンテーターのように、「侵略するというなら侵略させればよい。滅ぼされても、かつて日本という美しい国があった、というだけでいいじゃないか」などと言う人はいません。

アメリカでは、保守もリベラルも愛国心をちゃんと持っています。つまり、支持政党うんぬんではなく、アメリカの領土が侵犯されるようなことがあれば、アメリカ人は必ず武器を持って立ち上がります。正義の戦争は存在する、というのがアメリカ人の常識です。

軍隊を侮辱するような言動はアメリカではタブーです。民主党、共和党を問わず、

政治家であれば一発で国民の支持を失います。アメリカの親たちが、学校で愛国心教育を行うことに反対するということもほとんど考えられません。

ＷＧＩＰの影響ではあるのですが、日本の人たちは、特に左翼思想に染まった人でなくても「愛国心」というものに抵抗感があるようです。日本が嫌いだ、と公言する人もいます。国は守らなければいけない、と考えているとしても、それはすなわち、交戦権を否定した憲法9条を守ることがそれにあたる、ということになっています。

国旗である日の丸と国歌である君が代は、愛国心のシンボルだとして拒絶する公立学校の教職員が少なくありません。彼らの給料は、国から出ているにもかかわらずです。もしもアメリカにそんな教職員がいたとしたら、「星条旗に忠誠を誓わない人間に教師の資格はない。どうしても教師をやりたいならアメリカから出ていけ」と言われるでしょう。一部の極左勢力を除いて、保守勢力、リベラル勢力、両方からそう言われるはずです。

日本の国防とアメリカの国防というものを比較してみると、この日本とアメリカの違いがわかってきます。日本の場合は、日米安全保障条約の体制のもと、「アメリカが守ってくれる」という安心感があることは否定できないでしょう。事実、先の「自衛隊・防衛問題に関する世論調査」によれば、日本人の10人に1人近くが、日米安全保障条約があるから戦争は起こらないと考えている、つまり、アメリカの軍事力の後ろ盾があるから外国は攻めてこない、と考えているのです。

一方、アメリカの場合はどうでしょうか。アメリカを守ってくれる存在など、事実上、どこにもありません。自分の祖国は自分自身の力で守らなければならない。それがアメリカという国の国防意識です。

星条旗の前で「忠誠の誓い」をたてる小学校。米サウスカロライナ州　©AP／アフロ

これが、時に日米安保条約が「片務的《へんむてき》」である、と指摘されることの本質です。片務とは、契約当事者の一方だけが義務を負う、という意味です。

２０１９年６月、トランプ大統領がテレビ局のインタビューで、日米安全保障条約は片務的である、という意味の発言をして話題になりました。「日本が攻撃されれば、アメリカは第三次世界大戦を戦い、命と財産をかけて彼らを守る」と語る一方、「アメリカが攻撃されても日本は我々を助ける必要はない。日本ができるのはソニー製のテレビで攻撃を見ることだ」と発言したのです。直後に、菅当時官房長官は記者会見で「片務的ではなくバランスがとれていると思う」と言い、「条約の見直しといった話は日米間には一切ない」と強調しました。

日米安保条約が片務的であるかどうかについては、さまざまな議論があります。また、片務的であるということが日米安保条約においては悪いことなのかどうか、という議論もあります。

かなり深い議論ですので今はそのことについてはおいておくとしても、武力攻撃や侵略はそれを欲望する第三国の意思次第である、ということは日本もアメリカも変わりません。日本の人たちは、どうしてもその意識が薄いように思います。

たとえば、日本政府は、北朝鮮から弾道ミサイルが発射されると「Ｊアラート」という警報を発することになっています。２００７年に一部の地方公共団体で運用を開始して整備が進められている全国瞬時警報システムです。その警報の中には、軍事的なものだけでなく、津波などの大規模災害の警報も含みます。

私が驚いたのは、このＪアラートについて、「うるさい」とか「無意味だ」といった有名人の発言が、テレビをはじめとするマスコミで当たり前のように、かつ同調す

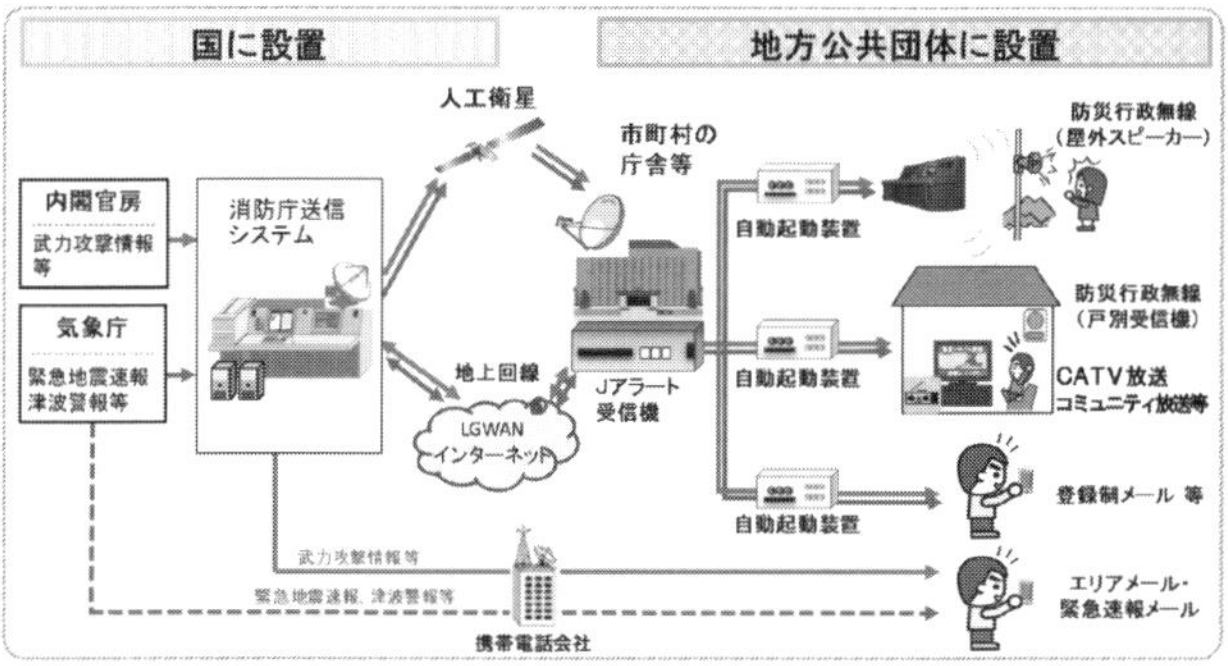

Ｊアラートの概要
出典：消防庁ホームページ（https://www.fdma.go.jp/publication/hakusho/h29/topics10/46067.html）

る方向で紹介されていたことです。２０１８年（平成30年）には、藤沢市の市民団体「藤沢市のＪアラート訓練に抗議する藤沢市民の会」が、Ｊアラート発動を想定した国民保護サイレン再生訓練を中止するよう同市に要請書を提出した、という出来事がありました。

２０１８年１月20日付の神奈川新聞によれば、同市民団体は「いたずらに恐怖心をあおる放送、合理的に説明できない行動への協力要請。音声再生に加えて避難行動についても協力を求める市の訓練に強く反対する」とし、団体の代表は「訓練の根拠が乏しく、情報も不十分な中で訓練をすれば、市民や子どもたちは混乱する」、「外敵をつくりだし、市民に戦争やむなしとの感情を抱かせることにつながる」と語っています。

平和ボケは危機に対する備えを、言葉遊びのレベルで否定し、拒否し、ひどい場合には行動に移して破壊します。これは国の弱体化そのものだということを肝に命じるべきでしょう。

そして、日本列島の周囲には、日本が弱体化することで利益を得る勢力、国ばかりがあるということをもっと強く認識すべきです。

「アンフェア」を最も嫌うアメリカ

先の、片務的であるところが不満だ、とするドナルド・トランプの日米安保条約に対する思いは、アメリカ人が特に重んじる「フェア」(公平)の意識から来ているものです。「アメリカは日本のために戦うのに、日本はアメリカのために戦わない」は、やはり「アンフェア」なのです。

日本の人たちからすれば、それはGHQが憲法9条を押し付けたからじゃないか、という思いがあるでしょう。実際、その通りです。しかし、アメリカ人には、「いつまでも押し付けられたなどと言っていないでさっさと変えろよ」という思いもあるのです。

1994年に発効したNAFTA（北米自由貿易協定）を、2017年11月にUSMCA（アメリカ・メキシコ・カナダ協定）、いわゆる「新NAFTA」に切り替えたのもこの精神です。協定を結んだ当初は相応の国益があったものの、時代の流れでアンフェアになっていったということです。具体的にひとつ取り上げれば、メキシコの労働条件、特に賃金等のレベルが低かったので、物が安くつくれました。自由貿易にしたので、アメリカからメキシコに移動した企業がありました。ところが、次第にメキシコの労働条件がアメリカの労働者のレベルに近づきました。これによって、経済成長はしていても据え置かれていたメキシコの人件費が上がります。新しい協定で貿易の条件を調整することによって、メキシコに流出していたアメリカ企業が国内に戻ってくる機会を与えます。当然、アメリカのGDPの増加に影響します。

アメリカが今、最もアンフェアを感じている国が中国です。時に〝戦争〟と表現されることもありますが、2018年に始まった米中貿易摩擦は、単純に言えば、「中国ばかりが得をしやがって。どうしてアメリカばかりが損をしなければいけないんだ」という思いから来ている摩擦です。

中国はアンフェアだ、中国が悪い、と言い出したのはドナルド・トランプです。民

ジョー・バイデン

主党のジョー・バイデンは、あいつらはいい奴らだと言っていたパンダ・ハガーです。上院議員時代の２００１年、中国のＷＴＯ（世界貿易機関）加盟を熱心に支持したという経歴もあります。

今、ほとんどのアメリカ人は中国に反感を持っていると言っていいでしょう。たとえば、新型コロナウイルスのことを「武漢ウィルス」と言うな、という批判は、トランプ大統領を貶める材料に使っていただけであって、別に中国が好きだからというわけではありません。在米中国人への差別につながるとは言うものの、それもまた反トランプに利用しているだけの批判のための批判であって、本気でそう考えているメディアはありません。

２０２０年７月、アメリカ議会は「香港自治法」を可決しました。「香港の自治の維持を侵害する者に対する直接的な金融制裁だけでなく、制裁を受けるべき者に関与する企業や外国金融機関に対しても二次制裁をかけることができる」という法律です。

これは同年６月に中国が施行した「香港国家安全維持法」への対抗策です。香港国家安全維持法とは、２０１９年に始まった香港民主化デモの解消を目的に制定された、香港での反政府的な動きを取り締まるための法律です。アメリカは１９９７年のイギリスの香港返還以来、高度な自治を前提条件に、主に経済面で中国本土とは異なる優遇措置を講じてきており、「香港国家安全維持法」は、それをあからさまに無視するものでした。

アメリカにおける香港自治法の可決は奇跡的なものでした。下院も上院もほぼ満場一致で決まったのです。近来まれに見る出来事です。

香港自治法の中身を読んでみると、ものすごい制裁措置をかけることができることがわかります。法律の最終第10項には「Nothing in this Act shall be construed as an authorization of military force against China.」（この法律のいかなる規定も、中国に対する軍事力の承認として解釈されるものではない）と書いてあります。つまり、宣戦布告ではない、とわざわざ書いてあるのです。わざわざ書いてあるくらいですから、誤解を恐れずに言ってしまえば、

100万人規模の香港民主化デモ（2019年6月9日）

この法律は、中国に対する宣戦布告に他なりません。

日本も追従すべき、香港自治法

アメリカの中国に対するポリシーは今、きわめて強いものになってきています。トランプ政権に対する支持の高さも、中国への毅然とした態度を背景にしたものだったと思います。

2020年の6月から7月にかけて、アメリカ政府の要人が連続して対中国方針に関する重要な演説を行いました。

2020年6月24日、国家安全保障問題を担当するオブライエン米大統領補佐官が西部アリゾナ州フェニックスでの経済会合での演説で「中華人民共和国に対して受け身で甘い考えを抱いていた時代は終わった」とし、知的財産の窃取《せっしゅ》やウイグル族などに対する人権侵害、SNSを使ったプロパガンダ、嘘の情報工作といった問題点を指摘して、「中国はアメリカ国民とアメリカ政府を操作しようとし、アメリカの経済に打撃を与え、主権の侵害を図っている」と述べました。

7月7日には、FBIのクリストファー・レイ長官がシンクタンクのハドソン研究所で演説。「アメリカにとっての長期的で最大の脅威は、中国のスパイ活動だ」とし、中国による技術盗用の横行を指摘して、「FBIが取り扱う5千件のスパイ事件の半分は中国に関連しており、今や約10時間毎に中国のスパイ活動を確認している」ことを明らかにしました。

クリストファー・レイ

ウィリアム・バー

7月16日には、司法省のウィリアム・バー司法長官がフォード大統領博物館で演説し、「ディズニーなどの企業は日常的に中国当局による映画の検閲を受け入れ、グーグルやヤフー、マイクロソフト、アップルはすべて中国政府の意向に協力することにあまりに前向きだ」と特定企業を名指しで批判。「中国共産党の最終目的は、これらの企業に取って代わることだ」と釘を刺しました。

7月23日にポンペオ国務長官が行った演説は、

マイク・ポンペオ

リチャード・ニクソン

さらに厳しい論調のものでした。『ウィズコロナ世界の波乱 日本は民度の高さで勝利する』（かや書房、2020年）で評論家の石平《せきへい》さんと対談したのですが、その中で石さんは、ポンペオ国務長官の演説の中で最も重要なのは「中国と中国共産党を完全に区別したことだ」と述べています。ポンペオ国務長官の演説は「中国共産党の独裁体制こそ自由世界の敵だ」という宣言である、という分析について私は、石さんとまったく同意見です。

また、ポンペオ国務長官が演説を行った場所がたいへん印象的でした。カリフォルニア州にあるリチャード・ニクソン大統領記念図書館で行ったのです。

ニクソンは、1972年に訪中し、米中国交樹立の道筋をつけた大統領でした。ポンペオ国務長官は演説の中でこのことに触れ、「ニクソン元大統領はかつて中国共産党に世界を開いたことについて〝フランケンシュタインをつくってしまったのではないか〟と心配していた。そこは先見の明があったと言うべきだろう」と深刻な皮肉を述べています。

7月14日に施行された香港自治法の「制裁」の内容を整理してみましょう。次の中の「特定された」というのは、「香港の人たちに対して弾圧を行ったことが証明された」という意味です。

「特定された個人および団体に対し、米国管轄権の及ぶ資産の凍結を行う」
「特定された個人に対し、米国へのビザ発給拒否、国外退去の対象とする」
「特定された金融機関に対し、米国金融機関からの融資を禁止する」
「特定された金融機関に対し、米国債のプライマリーディーラー指定を禁止する」
「特定された金融機関に対し、米国政府基金の受け手となることを禁止する」
「特定された金融機関に対し、米国管轄の外国為替取引を禁止する」
「特定された金融機関に対し、米国管轄の銀行取引を禁止する」
「特定された金融機関に対し、米国管轄の資産取引を禁止する」

「特定された金融機関に対し、米国管轄の輸出・再輸出・移転を制限する」
「米国民による制裁対象の金融機関への株式・債券等の投資・購入を禁止する」
「制裁対象の金融機関の職員を国外退去とする」
「制裁対象の金融機関の役員に対し、各項目を適用する」

すべて弾圧を行った本人、つまり個人、法人、団体、組織に対する制裁措置です。国に対しての制裁ではないところがミソです。

中国人は国に対する「情」のない人たちです。「公」などというものはどうでもよく、大事なのはとにかく家族です。国に対して制裁措置をかけたからといって、誰もなんとも思いません。だから、「個」に対する制裁です。

キャリー・ラム

香港の行政長官であるキャリー・ラム（林鄭月娥《りんていげつが》）も制裁措置を受けているようです。本人が、クレジットカードの決済ができなくなって困っている、と明かしていました。

また、「特定された」個人が所属している団体も対象となります。香港には人民解放軍ではなく武装警備隊が入っています。尖閣でうろうろしているのは海の部の武装警備隊ですが、総勢150万人くらいいて、それが香港にも行っている。あまりひどいことをやれば、その人たちにも制裁措置がかかります。

さらには、団体自体に制裁措置をかけるということも考えられます。ということは、中国共産党自体が制裁措置の対象にもなりえるということです。

論理的には、アメリカの金融機関、ということは世界中の金融機関において、中国共産党の資産がすべて凍結されてしまう可能性があるのです。とにかくものすごい法律です。

2020年の8月26日に、アメリカの国防当局者が、中国軍が中国本土から南シナ海に向けて中距離弾道ミサイル4発を発射したことを明らかにしました。中国は、米軍偵察機U－2が軍事演習区域を飛行したことを非難していて、その報復であることをほのめかしていました。

これは、まったく頭の悪い振る舞いだとしか言いようがありません。ミサイルを撃ったということは、明らかにその地域を軍事化した、ということです。

アメリカは、南シナ海周辺で海洋建設、つまり、ミサイルを発射したからには軍事施設をつくっている業者に対して制裁措置をとることを決めました。国営企業ですが、それに対しても制裁措置をとるということです。

アメリカはまた、中国の工作活動についても強硬策をとろうとしています。菅当時官房長官は同年8月26日の記者会見で、「我が国も孔子学院の動向については注視している」と発言しました。

孔子学院は、中国語や中国文化を普及するための機関だという名目で、2019年末現在で世界162カ国および地域に約550カ所、設置されている施設です。日本には15カ所あり、実情は中国共産党のスパイ工作機関であることはよく知られています。

菅当時官房長官の発言は、「アメリカの、孔子学院を外国公館に指定する。つまり監視・管轄下に置く（ということは、潰しにかかるぞ）」という発表を受けてのものでした。アメリカはまた、米国内で事業展開している中国の新聞4社にも制裁措置的な制限をかけています。中国の国営機関であって新聞ではないという判断から、すべての資産の開示を義務付けました。

アメリカは中国を牛耳り始めています。米商務省は、2020年9月15日から、アメリカの技術を活用してつくる半導体については国外で製造されるものも含めてファーウェイへの供給を認めないという規制を導入しました。ファーウェイは相当苦しんでいるといいます。

ショート動画アプリ「TikTok」の個人情報問題は日本でもたいへん話題になりました。一時期、TikTok日本法人の代表者が、中国共産党とは関係していない、とメッセージするためのテレビCMを打っていたほどです。TikTokは、オラクルとウォルマートが買い取る方向で進むようですが、２０２０年12月現在、裁判所の命令で保留になっています

また、在米の学者たち、特に軍事関係とハイテク関係の研究者はことごとくＦＢＩの監視対象になっていると見られています。

中国は今、アメリカとの外交においてたいへんな状況にあるわけですが、それでも暴走するのが中国という国です。新型コロナウイルス禍の渦中にあって、尖閣諸島周辺への領海侵犯数が過去最高になるようなまねを平気で行っています。そうした流れの中に、在日米軍のトップであるケビン・シュナイダー司令官の「尖閣諸島の状況についてアメリカが日本政府を助ける義務をまっとうする」という２０２０年７月の発

言があるわけです。

アメリカは今、中国に対して史上最大のプレッシャーをかけていると言うことができます。習近平が倒れる可能性さえあります。私は、これが日本にとってはいいことではないかと思っています。

私は、日本はアメリカの政策にそのまま便乗するべきだろうと思います。アメリカが可決した香港自治法と同じような法律を日本もつくってしまえばいいし、中国からの輸入品に高い関税をかければいいし、孔子学院も禁止すればいいのです。

そういった自助努力をせず、相変わらずパンダをハグしたまま、「日米安保条約があるのだからアメリカは尖閣を守れ」と言うことに対しては、やはりアメリカが、それでは話がおかしいと思うのは当然でしょう。

中国に注力できる今のアメリカ

2020年8月4日、ホワイトハウスが、イスラエルとUAE（アラブ首長国連邦）と共同で「イスラエルとUAEが国交を正常化することで合意した」という声明を発表しました。9月13日にはバーレーンがイスラエルと国交を回復し、中立性を維持してきたオマーンもまたイスラエルと国交を回復するだろうと見られています。

これは、アメリカが長く関わってきた中近東の混乱が着実に収まりつつあることを意味しています。イランは孤立してしまっている状態です。トランプ大統領は、2020年末までにイラクに駐留している3千人の米兵を、そしてアフガニスタンに駐留している5千人を、それぞれ2千500人に減らすと発表しました。この計画に反対した国防総省長官が解任され、その部下も何人か辞任しています。実行できるかどうかまだ、明らかではありません。いずれにせよ、戦争を終わらせるのはドナルド・トランプの公約でした。それは着々と実行されているということです。

2018年12月に、トランプ大統領はシリアからの米軍撤退を発表しました。ISISを敗北させたからです。シリアは、米軍が撤退したらグルド人がトルコに攻撃される、などと懸念していたようですが、そのような何百年あるいは何千年も前から続いているような問題になど関知する必要はありません。領土は取り戻したものの、油田を奪回されればISISの再興の可能性があるので、その地域だけは警備しています。

目的を達したから撤退する。用が済んだから帰る。戦争とはそういうものです。入っていった国を統治して国づくりを行う必要はありませんし、うまくいくはずもありません。敗戦させた相手の国づくりが成功したと言えるのは、歴史上、第二次世界大戦後の日本だけです。

ドナルド・トランプはリアリストです。やってどうなるのか、最後まで計算に入れて結果が見えてからでなければ事を行わないビジネスマンです。

２０１９年６月、イラン革命防衛隊が、イラン上空でアメリカの偵察ドローン「ＲＱ－４グローバルホーク」を撃ち落としたと発表する出来事がありました。トランプ政権の安全保障に関するブレーンは、すぐに軍事的に報復をしなければいけない、と提言したといいます。

そこでトランプ大統領が考えたのは、何人死ぬのか、ということでした。この件をトランプ大統領は、「夜、３カ所への報復攻撃を準備していた。私は何人死ぬことになるのかと質問した。１５０人というのが将軍の答えだった」とツイートしていました。日本には、ここを、「報復すれば米兵が１５０人死ぬ」と勘違いしていた人が少なからずいたようですがこの数は、死亡の可能性のあるイラン人の数です。ドローンひとつでイラン人が１５０人死ぬというのはあまりにひどいし、攻撃後のことを考えるとこれは比例の原則に反すると考え、トランプ大統領は直前に報復命令を撤回したのです。

イランで戦争を始めたら最後、その戦争を終わらせるのはたいへんです。2020年1月にはアメリカがイスラム革命防衛隊の重鎮ガーセム・ソレイマーニー司令官を暗殺、イラン側が報復のために弾道ミサイルを発射するなどして緊張が高まったものの、トランプ大統領はそれ以上の軍事報復を中止しました。

軍事報復中止について、私が知っている限りの裏事情を明かしましょう。軍事報復をやめさせたのは、事実上、FOXニュース（FOXテレビ）の有名キャスターであるタッカー・カールソンという人物でした。タッカー・カールソンは番組で「ここで軍事報復をしてしまえば戦争が始まる。あなたの大統領生命は終わりだよ」と言ったのです。タッカー・カールソンのコメントで、トランプは我に返ったというわけです。トランプがFOXテレビの視聴者だというのも興味深いところです。

ガーセム・ソレイマーニー

対中近東貿易はアメリカにとってGDPの3%

程度です。その3％のためにアメリカは中近東に介入していたということになるわけですが、目的はもちろん石油でした。ところが、現在のアメリカはシェールガスの開発で世界第一位の産油国です。

タッカー・カールソン
©REX／アフロ

アメリカにとっての中近東はあらゆる点において事態が収まりつつあります。用が済みつつある状況です。アメリカが中近東で「終わりのない戦争」を続けている間に台頭した中国を相手にする用意は整いました。そこで初めて「香港自治法」というものすごい法律の成立も可能だったと言うことができるでしょう。

ちなみに民主党は、グリーン・ニュー・ディールと称して化石燃料生産をやめようという方針をとり、世論に対するPRとしています。アメリカが世界一の石油産出国となったことが中近東から距離をとることのできる根拠となり、それがどれだけ安全保障上有利となっているのかがわかっていないということです。左翼勢力というのは、やはりいつも危険な方向に向くものです。

第六章

世界の平和の鍵を握る日本

アメリカの国益にかなっていた天皇の存続

日米安保条約によってアメリカと同盟関係にある日本は、いついかなるときも、天皇という世界に類を見ない存在とともに歴史を刻んできた国です。今も日本国民は、ごく一部の左翼勢力を除けば、みな天皇を敬っています。天皇がおわし、その天皇を敬う国民が住む国であるということは、実は、私が日本に住み続ける理由のひとつになっています。

とはいえ、アメリカ人の大半は、今も昔も、天皇の本質を理解していません。私にしても、天皇と皇室がどれだけ日本人の心の奥深くに根付いているか、日本人の精神的な支えになっているか、それを知ったのは日本に住み始めて20年ほど経ってからのことです。

先の戦争では、アメリカをはじめとする連合国の間では、天皇は、いわゆる独裁者だと考えられていました。日本人が死をも恐れずに戦ったのは独裁者たる天皇陛下を守るためであり、天皇陛下に命令されたからだと考えていたのです。

『銀座の美人ママとダンディ弁護士の粋で鯔背《いなせ》なニッポン論』（ビジネス社、２０２０

年）という本にまとまった白坂亜紀さんとの対談で、天皇陛下についての話になり、白坂さんに、アメリカ人にとっての天皇陛下の印象は？　という質問を受けました。初めて特攻隊のことを知った時は、何も知識のなかった頃のことでもあり、正直、異様な感じがしました。「現人神《あらひとがみ》」と呼ばれることも、一神教であるキリスト教の観点からして理解できませんでした。アメリカはヨーロッパとは違い、歴史の中に国王も貴族も出てこないこともあって、天皇陛下という存在をどう位置づければいいのか、さっぱりわかりませんでした。

先の戦争の時にアメリカが考えていたのは、軍国主義に直結している天皇崇拝を取り除かない限り日本の民主化はありえない、ということでした。駐日米国大使の経歴を持つ知日家のジョゼフ・グルーを中心とする「三人委員会」という組織がポツダム宣言に「天皇の地位保障」を入れるよう提言していましたが実現しませんでした。

日本がポツダム宣言を受諾して終戦した後、昭和天皇は処刑される可能性がありました。戦勝国側のイギリスやソ連、中国、オーストラリアは天皇を戦犯としてさばいて処刑することを強く望んでいたようです。しかし天皇は、戦犯とはなりませんでした。

よく言われるのは、マッカーサーが天皇陛下の人柄に打たれて責任を追求しないことにした、ということです。『マッカーサー回想録』の中には、確かにそういった記述もあります。昭和天皇は「戦争に関する責任の一切は私にあり、自分はどうなってもいいから国民を救ってやってほしい」という内容の話をした。保身も打算も見えないその態度に骨の髄まで感動した。そういう話が出てきます。

おそらく本当にマッカーサーはそう感じたのでしょう。とはいえ、マッカーサーは当時のアメリカを代表する戦略家です。天皇陛下を生かしておくほうが占領統治しやすい、という判断が何よりも先にあったように思います。つまりマッカーサーは、日本人というのは、戦争に負けてもなお天皇を敬愛し、天皇という大黒柱のもとにひとつにまとまることのできる国民だということを見抜いていたわけです。

天皇を生かしておくことこそ、当時のアメリカの国益にかなうことでした。だから、ソ連やイギリスをはじめとする処刑派の意見に蓋《ふた》をし続けたのです。後に日米安保条約の締結によって確たるものとなりますが、アメリカの国益とは、ソ連や中国に対する緩衝地帯として機能すべく、日本を平和的同盟国とすることでした。

アメリカを感動させた昭和天皇

1975年、昭和天皇は初めて公式にアメリカを訪れます。香淳《こうじゅん》皇后《こうごう》もご一緒でした。正確に言えば1971年にもアメリカに入国していますが、それはヨーロッパ訪問の際の給油のための経由地としてアンカレッジに立ち寄ったものでした。

初訪米した昭和天皇、香淳皇后夫妻をエスコートするフォード大統領夫妻

戦後30年が経っていましたが、天皇に対する一般のアメリカ人のイメージは決して良いものではありませんでした。「リメンバー・パールハーバー」のプロパガンダが生き続けていて、かつての敵国であり〝悪い国の元首〟というイメージがそのまま残っていたのです。

天皇の戦争責任を問う声の再燃もありました。初めての天皇公式訪米は、戦後30年が経って、戦時中のアメリカの要人の多くが死去していたから実現した、とも言われています。

当時の米大統領はジェラルド・フォードです。昭和天皇はフォード大統領夫妻が主催する晩餐会《ばんさんかい》に出席し、会場となったホワイトハウスで次のようなスピーチを行いました。このスピーチの内容が戦後日本のアメリカに対する公式な見解ともいうべきものになっていて、アメリカ人の多くは今も、日本人はアメリカ人に対してこういう思いでいるのだと考えている、ということは知っておくべきでしょう。

ジェラルド・フォード

《私は多年、貴国訪問を念願にしておりましたが、もしそのことが叶えられた時には、次のことを是非貴国民にお伝えしたいと思っておりました。と申しますのは、私が深く悲しみとする、あの不幸な戦争の直後、貴国が、我が国の再建のために、温かい好意と援助の手をさし延べられたことに対し、貴国民に直接感謝の言葉を申し述べることでありました。当時を知らない新しい世代が、今日、日米それぞれの社会において過半数を占めようとしております。しかし、たとえば今後、時代は移り変わろうとも、この貴国民の寛容と善意とは、日本国民の間に、永く語り継がれて行くものと信じま

す》（『昭和天皇発言録　大正9年～昭和64年の真実』高橋紘・編、小学館、1989年）

昭和天皇は、抽象的な意味で「我が国の再建のために、温かい好意と援助」と言われたわけではありません。占領中の1946年から1951年にかけての約6年の間に、アメリカが日本に提供した経済援助の総額は約18億ドルに上ります。

この援助がなければ日本の復興はなかったと言っていいと思いますが、この援助を引き出した人こそが昭和天皇でした。終戦当時に農林大臣を務めていた松村謙三氏は『三代回顧録』（東洋経済新報社、1964年）の中で、次のようなエピソードを明かしています。

終戦直後の混乱で、日本は食糧危機に直面する可能性の中にありました。昭和天皇は、そうした状況を見て、《多数の餓死者を出すようなことはどうしても自分にはたえがたい》と述べられ、松村氏に、皇室の御物《ぎょぶつ》の目録を差し出し、さらにこう述べられたそうです。《これを代償としてアメリカに渡し、食糧にかえて国民の飢餓を一日でもしのぐようにしたい》。

時の日本の総理大臣は幣原《しではら》喜重郎です。昭和天皇の意向は、幣原総理を通じてマッカーサーに伝えられました。目録を差し出されたマッカーサーはそれを受け取ることなく、こう言ったといいます。《自分が現在の任務についている以上は、断じて日本の国民の中に餓死者を出すようなことはせぬ。かならず食糧を本国から移入する方法を講ずる》。

幣原喜重郎

アメリカ国民への感謝を中心とした昭和天皇のスピーチに、ホワイトハウスでは大きな拍手が沸き起こり、晩餐会は、予定を大幅にオーバーして深夜にまで及んだといいます。

「リメンバー・パールハーバー」のプロパガンダによって残っていた、かつての敵国であり〝悪い国の元首〟というイメージがこの日を境に変わったのは、当時のアメリカのマスコミ報道によっても明らかでしょう。昭和天皇の訪米については各マスコミとも否定的でしたが、訪米がなされた後、好意的な報道姿勢に変わりました。今も全米で3本の指に入る大新聞「ニューヨーク・タイムズ」は社説で「30年前の仇敵《きゅうてき》、勝者と敗者は今日、政治、経済以上のパートナーとなった」とまで書いたのです。

天皇の否定は日本の否定

前述した『銀座の美人ママとダンディ弁護士の粋で鯔背なニッポン論』で対談した白坂亜紀さんは、同書の目次にもある通り、《銀座の「超右（チョーみぎ）」ママ》として知られている人で、自分の国・日本が大好きな人です。

2019年、令和元年に今上天皇の即位の礼が執り行われました。白坂さんは、天皇皇后両陛下のパレードが特に印象に残っていて、皇后陛下の晴れやかなお顔も嬉しかったが、これを機会に、新しい皇后陛下は素晴らしいキャリアを持った女性だということを多くの人に知ってもらえることがなにより嬉しい、と言っていました。私も同感です。私の妻も以前から雅子さまの大ファンで、『プリンセス・マサコ』という、オーストラリアのジャーナリスト、ベン・ヒルズが書いた本を熟読していて、マサコさまをいじめる人は許さないと息巻いていました。

今上天皇の即位の礼
首相官邸ホームページ (https://www.kantei.go.jp/jp/headline/kouikeisyou_gishikitou/seidennogi.html)

即位が披露される饗宴の儀で、各国要人と通訳なしで歓談される皇后陛下の姿は、国内外にたいへんな好印象を与えました。私は、今上天皇が皇太子の時代にお目にかかったことがあります。天皇陛下もまた、お人柄が素晴らしく、英語も完璧なものでした。

令和に元号が改められた際、その出典となった『万葉集』とともに、日本の神話にもスポットライトが当てられました。私は、アメリカの大学で日本文学を専攻していましたから、ドナルド・キーン先生の序文がついた英訳本でしたが、『古事記』も『日本書紀』も読んでいます。

『古事記』にも『日本書紀』にも、日本列島の誕生から八百万《やおよろず》の神々が繰り広げる神話の世界がまず書かれ、続いて人間が登場し、天照大御神《あまてらすおおみかみ》の血を引く天皇が日本という国を統治していく歴史が書かれています。私はまず、この「記紀」を通して、日本人の生活や信仰、世界観などを、非常に興味深く知りました。

私が日本に来て驚いたことのひとつに、『古事記』も『日本書紀』も読んだことがない日本人があまりにも多い、ということがあります。GHQの占領政策のひとつである「プレスコード」という報道検閲項目に「神国日本の宣伝」があり、天皇や皇室について学ぶことがタブーになった、その影響です。『古事記』や『日本書紀』の存在は教えられるものの、そこに書かれた神話を、少なくとも肯定的に教えることは学校ではなくなりました。

こうした戦後教育を、ＷＧＩＰの「日本は悪い国」という考え方そのままに推進してきたのが日教組（日本教職員組合）という組織です。日本の教員・学校職員による労働組合の連合体で、その思想と組織運営方法はきわめて左翼的です。

前出の白坂さんは、大分県の出身で、早稲田大学で教職員課程を取りました。大分の母校に教育実習に行った時、まだ学生であるにもかかわらず、日教組に加入させられそうになったそうです。

白坂さんは東京に出てきて、渡部昇一氏の著作に出会って、日本の伝統というものに目覚めたといいます。女性経営者と志高い女性の会「銀座なでしこ会」の代表を務めておられ、縁があって白坂さんと出会った後、私はその講演会の講師として呼ばれました。何をお話しすればいいですか？　と相談したところ、ＷＧＩＰと憲法の話を、ということでした。銀座で事業経営している人たちだからなおのことそれを知っておいてもらわなければ困ります、と言うのです。白坂さんは日本にとって、とても貴重な存在だと思います。

日教組によって維持されてきたWGIPによるいわゆる「洗脳」は、今、日本人の間で少しずつですが解かれ始めていることは確かです。しかし、テレビや新聞などのマスコミは相変わらずです。大学などの高等教育機関も変わっていません。

教育機関の左翼性は、公職追放の隙を突くようにして各界に入り込んだ共産主義者たちが確立し、今、その弟子たちが後を継いでいます。東京大学では卒業式においても、国歌斉唱もなければ会場に日の丸も見えません。元東大総長の有馬朗人《あきと》が国会審議の中で「昭和天皇がお亡くなりになったときに、東京大学では国旗を掲げる、半旗を掲げるとすると必ず学生のごくごく一部の人がその国旗を倒しに来る、そして焼いてしまうというふうなことが起こりました。どうしたらいいだろうかと私も大変頭を悩ませました」と述べているように、学校側が強硬的であるというより、学生たちも同意の上の総意でそういうことになっているのです。知的馬鹿の集まりとしか言いようがありません。知的馬鹿の選りすぐりが、卒業後、日本の高級官僚になっていくのです。

そういったWGIPの残滓《ざんし》がきわめて醜いかたちで表出したのが、愛知県で開催された『あいちトリエンナーレ2019「表現の不自由展・その後」』をめぐる騒動でしょう。昭和天皇の肖像を燃やすような動画が展示されており、観覧した人たちから批判の声が上がりました。当時の産経新聞（２０１９年8月10日付）の報道によれば、「戦争責任を問いたいのだろうが悪意に満ちていて気分が悪かった」「天皇の肖像を焼くような動画を行政が支援するイベントで見せるのは行き過ぎだ」といったきわめて常識的な批判が多かったようです。

展示では、《昭和61年、富山県立近代美術館（当時）に展示された、昭和天皇の肖像を使った『遠近を抱えて』という作品が県議会や地元紙から「天皇ちゃかし、不快」などと批判されて非公開にされ、その後、美術館は作品を売却するとともに図録を焼却処分した》と説明されていました。これに対する「その後」の抗議として、燃やすシーンが動画に挿入されていたということのようです。

抗議する河村市長　© 毎日新聞社／アフロ

燃やしたのは昭和天皇の肖像写真ではなく昭和天皇の肖像写真と女性のヌード写真などを合成したコラージュ作品である、図録とはいえ作品を焼却されたことに対する抗議であって、作品には昭和天皇に対する敬意もこめられていた、などと擁護派は言っていました。しかし、問題は、天皇の肖像写真を燃やすということの意味であり、それは、『あいちトリエンナーレ2019「表現の不自由展・その後」』に賛同する人たちもよくわかっていたはずです。その証拠に、ネットのニュース番組などでこの件に対する批判を行っていた私の写真を焼くシーンを含めた動画が、北海道で道民有志が行った『北海道・表現の自由と不自由展』で上映されました。

私の写真を焼くことについては、単なる侮辱罪や肖像権侵害で始末がつくかもしれません。しかし、天皇陛下の写真を焼くということは、日本という国自体を否定する行為です。「天皇は、日本国の象徴であり日本国民統合の象徴」という日本国憲法第1条を、左翼勢力の護憲ポリシーはあまりにも都合よく忘れます。

これを、アメリカ側から見た場合、どのようなことになるでしょうか。天皇を否定するということは日本が潰れてもいいと考えている、ということです。

つまり、そういった人たちには日米安保条約など必要ありません。そういう人たちでできている国を、どうしてアメリカ人である我々が、血を流すことを前提に守らなければいけないのか、と米兵が思っても不思議ではないのです。

日本を守ることがアメリカの目的ではありません。日本を守ることが今はアメリカの国益にかなうことだから、日米安保条約が維持され、在日米軍が派遣されているのです。日本とアメリカの関係を考える時には、常にその前提を頭においておく必要があります。

自分で自分を考えない日本

誤解を恐れずに言えば、アメリカがここまでやってくれている、ということを日本の多くの人たちはわかっていません。常識的に考えれば、どう考えても日本人は自分の手で国を守らなければいけないのにそれをやっていません。

日本人は自分のことを自分で考えるということに興味がないのではないか、またはそう考える部分が弱いのではないか。そう思うことが時々あります。

たとえば、こういうアナウンスをテレビでよく聞きます。「強風注意報が発令されているので、最大限の注意を払ってください」。日本の人たちは何の疑問も持たないでしょうが、私はすぐに、この文章の後半は要らないな、と思います。アメリカだったら言いません。「強風注意報が発令されています」と、これだけです。「最大限の注意を払ってください」という部分を、アメリカ人である私などは、ずいぶん生意気なことを言うな、と思うのです。

伊丹空港で、こんな経験をしました。荷物検査場がものすごく混んでいて、長い行列ができており、私はそのいちばん後ろについていました。航空会社の若い女子社員がやってきて、私の真横で、拡声器を使って、「みなさん、今、荷物検査場がたいへん混み合っておりますので、そのまましばらくお待ちください」と言うのです。

待つ以外に何か方法があるのでしょうか。それに、誰に対するアナウンスなのでしょうか。いちばん後ろにいる私に対してなら、拡声器を使ってまで、そんなに大きな声で言わなくてもいい。運動会ではあるまいし。建物内にPA（拡声装置）があるのですから、それを使って必要なことだけを言えばいいと思ってしまいます。

つまり、意地悪く解釈すれば、「よけいなお世話」が、けっこう目につくのです。エスカレーターに乗れば、「黄色い線の内側に乗ってください」「小さい子の手をとってください」。それくらいのことはわかってるよ、と誰も思わないのでしょうか。

人の気持ちを考えていない、ということでもあると思うのです。日本人は空気を読むのが得意ということになっていますが、果たしてそうだろうかと疑う気持ちにもなります。より親切にと思って付け足していることなのでしょうが、個人的には騒音としか思えません。

そして、この、空気が読める、というのが曲者《くせもの》です。たとえば、いわゆる平和主義者が今ここにいるから正論であっても言わないでおこう、というのも、日本人は、空気を読むという美点のひとつであると考えがちです。

サイレント・マジョリティは、「時にものを言う」からこそサイレント・マジョリティと呼ばれます。ところが、日本では、サイレント・マジョリティは完全にサイレントです。「出る杭は打たれる」ということわざはその通りなのですが、打たれるということをどう考えるかという視点も必要でしょう。

ちゃんと表すべき愛国心

空気を読むということがあって、今の日本の多くの人たちは、愛国心を持っているけれどもそれを表現しません。なぜかというと、いわゆる平和主義者の人たちに揶揄されるからです。国旗は家にあるにしても、祝日に外に出して掲げるようなことはしません。

2016年のリオデジャネイロ・オリンピックで、日本の体操男子団体が金メダルをとりました。NHKテレビの生放送は朝の4時ころでした。私はそれを見ていましたが、競技終了後すぐに表彰式があり、その後に各選手のインタビューが入りました。いちばん最後に内村航平選手のインタビューがありました。その時、NHKのアナウンサーが、最後に、表彰台の上で5人は君が代を歌っていましたけれども、どういうお気持ちでしたでしょうか？　という質問をしたのです。

「私たちは声が裏返るまで一生懸命歌おうと決めていました」。内村選手はそう答えたのです。私が新聞社のデスクなら、これをその日の見出しにしたと思います。ところが、産経新聞が小さく取り上げただけで、他の新聞はこのことにまったく触れていませんでした。民放のテレビ局も、内村選手のこの言葉を放送しませんでした。

そんな質問をしたアナウンサーが悪いのでしょうか。自虐史観を広めるのが使命であるNHKにとって、内村選手の国家に対する思いの言葉は放送事故です。NHKは該当のシーンを二度と放送していません。

どうして？　と言いたい。自分が誇りを持っていない国なのに、「日本を守れ」と、どうしてアメリカに言えるのでしょうか。

いや、日本の人たちの多くは、間違いなく日本に誇りを持っているのです。ただ、クレーマーに非常に弱いのです。個人もそうだし、放送局も新聞社もそうだし、企業もまた、あまりにもクレーマーに弱い。SNSでも、同様の現象があります。一部のクレーマーが徒党を組んで襲撃してしまうことで意見は抹殺されます。一言で言えば、勇敢さが足りません。

自己主張はしないほうがいいというのが日本の美徳である、ということはわかります。でも、自己を隠した上での攻撃についてはためらいなく行ってしまうという傾向もあるようです。私は、ネットを使ってよく意見を述べますが、そこでまったく文句を言われなければ、それは私が十分にものを言っていない証拠だと解釈しています。

私はかつて、TBSテレビの『サンデーモーニング』という番組に10年間、レギュラーと

リオ五輪体操男子団体の表彰式。日本が金メダル（2016年）
©ロイター／アフロ

して出演していました。司会者の関口宏さんとはもちろん政治思想がぜんぜん違い、また、どちらかというとアメリカ代表のような立場で出演していたわけです。

私が出演していた当時は、放送中に、視聴者の意見がリアルタイムでキャッチできるように電話の交換台を開けていたそうです。番組終了後に反省会を開くのですが、その時に、どんな電話がきたかということが伝えられます。私の意見については、半分くらいは「何言ってんだ、あの馬鹿な外人を出すな」、もう半分は「ケントの言う通りだ」という結果が常なのですが、時々、「ケントの言う通りだ」という電話しか来ないこともあります。その時は、私は「これは生ぬるい。今日は失敗だった」と判断していました。「ケントを降ろせ」という電話しか来ないのも問題で、これは「ちょっとまずいことを言ってしまいましたね」ということ。私は、そうしたサジ加減で出演していました。

「あいまい」の効果

言うべきことは言わないのに、挨拶がわりに「ちょっと太ったね」などとよけいなことを言ってしまうのが日本の人たちの悪いクセかもしれません。初対面でもそんなことを言うのは、昔、クイズ番組に出ていた時の私のことが印象にあるからでしょう。私はそんなとき、深呼吸して「おまえだってデブだぞ」と言ってやりたい気持ちを抑えます。

「いくつ（何歳）になりますか？」というのも、失礼な話です。そういう時は39歳だと言います。「今日はどちらへ？」という質問もとても妙に感じます。虫の居所が悪い時など、私は「どうしてそんなことが知りたいの？」と聞き返します。すると、「いやいや、ちょっと」といった調子でその会話は終わります。相手がびっくりするから、本当は「ひ・み・つ」と言って笑いながらウィンクしたほうがいいでしょうね。

でも、本当に知りたくて、年齢や行き先を聞いているわけではないのです。真面目に答えるのはかえって馬鹿げたことになります。ちょっと、とか、そこらへんまで、というあいまいな答えを相手も望んでいるのが実際で、この「あいまいさ」というのも、私は日本で暮らしていてたいへんおもしろく思う点です。

東京都港区白金台5丁目に位置する「庭園美術館西」という交差点があります。首都高速2号線の目黒ICを降りてほど近いところにある交差点ですが、高速を降りて一車線だったものがいつのまにか二車線になり、四車線になります。そして、一車線扱いであるはずの地点からもう「清正公前はこちら（左）」という案内板が出ていて、左側に寄っていたほうがいい、というニュアンスをかもし出している。非常にあいまいですが、しかし、それで車が譲り合ってうまく流れています。日本社会を見事に反映している交差点だと、私はここを通るたびに思います。

ひとつ、クイズを出しましょう。アメリカ人がひとり歩いています。向こうから同じように歩いてくる日本人がいます。どちらかが譲らないと正面衝突してしまうのですが、先に道を譲るのはアメリカ人でしょうか、それとも日本人でしょうか。

これは、実は、アメリカ人が先に譲ります。1メートル50センチほどの距離、まだ余裕のある時点でひとり分のスペースを右へ譲ります。日本にしばらくいるアメリカ人は、日本の慣例に従って左へ譲ります。

日本人は、譲らずにぎりぎりまで歩いてきます。そして、60センチほどの距離に近づいたところで初めて、半身になって左へ譲り合うのです。もちろん自分は譲るつもりなのですが、相手も譲るだろうとも思っている、というところがこの話のポイントです。アメリカ人は日本に来て最初のうち、この対応に困ります。こっちへゆらり、あっちへゆらり、立ち往生してしまうということが起こるわけです。

この間、少しストレスがたまっていた日がありました。向こうからまっすぐこちらへ歩いてくる少し機嫌の悪そうなおじさんがいました。向こうも譲らないし、私も譲ろうとしない。10センチくらいの距離まで縮まって、おじさんが「譲れ」と言ってきました。私は、「あなたこそ譲ってよ」と言いました。

ちょっとした押し問答がありましたが、私は最後に、「私は別に急いでいないから好きにして」と言ったのです。

そんなに急いでいるの？　という意味のことを言われると、人はなぜかはっとするようです。そのことを、私は私のマネージャーから学びました。横浜のファミリーレストランの半地下駐車場から出車したときのことです。道路との間に広い歩道があり、植え込みがあって、右から車がくるのかどうかわからない状況でした。そこで、歩道の上まで車を出して様子を見ていたところ、自転車がやって来て「どけ」と言うのです。こちらは安全が確認できないのでどかずにいるわけです。そのままでいると、その人は私の車の前に自転車を止めてしまいました。そこで、私のマネージャーがその人に言ったのが、「急いでるんですか？」だったのです。その人は、「いや今日は休みだ」と言って、トラブルになりかけた状況はそれで解消しました。

カッときて喧嘩《けんか》したらダメです。そういう、うまいセリフですぐに解消できることがたくさんあります。

アメリカの場合は、譲ることに美点を感じる人は少なく、権利主張の世界です。なおかつ、アメリカの場合は些細《ささい》なことで射殺される可能性もあります。私には、そうではない生活を日本で楽しんでいる、というところがあります。

譲り合うというのは気持ちのいいものです。車同士で、手を上げて譲る、譲ってもらう。ハイビームを出して、お先にどうぞ、というサインを送る。こうしたことは、アメリカでは見られません。日本人の交通マナーは世界最高だと思います。

譲り合わなければ、特に東京の車社会は麻痺《まひ》してしまう、という理由もあるでしょう。東京都内における車の走り方には3つのルールがあると私は思っています。

1つ目は、「道選びを間違えるな」ということ。カーナビがいちばんいい道を知っているとは限りません。道選びを間違えると、信号で2分ずつ何回も待つことになってぜんぜん進まないといったことが起こります。ナビは参考にはするけれども、自分の知恵も働かさないといけません。

2つ目は、「車線変更する時には減速するな」ということ。減速しなければ車線変更できないようであれば、すでに計画性がない、ということです。東京の車社会においてはそんな時に減速する車は邪魔な存在です。減速しないで車線変更できるよう、前々から計画しなければいけません。

3つ目は、「前をあけるな」ということ。言ってしまえば、込んでいるとき、スピードは出せるだけ出せ、ということです。その意味は、みんなの邪魔になるからちゃんとついていけ、ということです。「首都圏では乗り入れできる車を登録制にすべきだ」という意見には一理あるのです。平日の車の流れはいいのですが、週末になって車が詰まるのは、このルールをわかっていない人たち（サンデードライバー）が遠方からやってくるせいだというのはやはり事実です。

日本には、いいところがたくさんあります。しかし、その裏にへばりついていることをよくよく考えると問題であることもたくさんあります。今までお話ししてきた、譲り合うという美点は、性善説を前提としています。人間の本性は基本的に善である考え方です。

日本国内であれば、性善説はとても機能的に働くでしょう。しかし、外交の場で、特に中国に対して性善説に立つのは、まったく感心しません。

習近平は良い人か悪人かという議論はナンセンスです。習近平は、独裁者であるという時点ですでに〝頭の悪い人〟です。独裁者というのはたいてい頭が悪いわけですが、それは悪人であるということと同義です。

ギブアンドテイクということができません。2019年の初頭に容疑者移送に関する逃亡犯条例改正案を香港に提案しました。香港の人たちが反発して大規模デモに発展するわけですが、習近平が、「わかった、今はそれはやらない」と言えば収まったことでしょう。しかし、習近平には退くことはできません。退くことは可能ですが、独裁者であるがゆえに、退けば弱く見られるという宿命があると信じていて、そこから一歩も出られません。

ソ連がそうであったように、独裁政権が崩れるときは、どどっと一気に崩れます。中国が最も恐れているのは、そこです。経済も軍事も、すべては中国共産党の一党独裁を維持するために画策され行われていることですから、性善説をもって相対すれば、こちらの身が削られるばかりになります。

「アジアの民主主義安全保障ダイアモンド」構想の再認識

安倍晋三氏による、戦後最長となる2千822日の在職日数となった第二次・第三次・第四次安倍政権は、2020年（令和2年）の9月16日に幕を閉じました。

安倍政権の功績は、第一次政権の時のものを含めていろいろあると思いますが、国防という点において再度、評価し直してほしいポイントをひとつ、お話ししておきたいと思います。

2012年（平成24年）の12月27日、つまり、約5年間のブランクを経て第二次安倍政権として再び総理大臣に就任した翌日、安倍晋三氏は国際NPOの言論機関「プロジェクトシンジケート」のウェブサイトに「Asia's Democratic Security Diamond」というタイトルの英字論文を発表しました。日本語に訳すと、「アジアの民主主義安全保障ダイアモンド」ということになります。

極端に短く概説すれば、「日本、ハワイ、オーストラリア、インドを結んで中国を封じ込める」という構想です。産経新聞、東京新聞の2紙を除く朝日、読売、日経などの大手新聞は、企業的な保身もあるのでしょう、中国に忖度してこの構想について沈黙しました。

この論文は、2007年（平成19年）、安倍氏が第一次安倍政権にあったとき、日本の首相としてインド国会のセントラルホールで行った演説が元になっています。「太平洋における平和・安定・航海の自由は、インド洋における平和・安定・航海の自由と切り離すことはできない」という趣旨の演説でした。「アジアにおける最古の海洋民主国家である日本は太平洋とインド洋の共通利益を維持する上で大きな役割を果たすべきだが、南シナ海はますます〝北京の湖〟となっていくかのように見える」として、中国によるアジアの危機を訴えました。

マンモハン・シンと安倍晋三　©ロイター／アフロ

中国共産党による尖閣諸島周辺の侵出に日本が屈してはならない理由として、論文は「南シナ海は核弾頭搭載ミサイルを発射可能な中国海軍の原潜が基地とするに充分な深さがある」と具体的に指摘しています。そして、オーストラリア、インド、日本、米国ハワイによって、「インド洋地域から西太平洋に広がる海洋権益を保護するダイアモンドを形成する」構想を描いています。

論文では、「アジアのセキュリティを強化するため、イギリスやフランスにもまた舞台にカムバックするよう招待したい」と述べ、「とはいえ、日本にとって米国との同盟再構築以上に重要なことはない」とアメリカとの関係強化を強調しています。「米国のアジア太平洋地域における戦略的再編成期にあっても、日本が米国を必要とするのと同じくらいに、米国もまた日本を必要としているのである」というのが、安倍氏の日米関係の認識でした。

２０２０年、この論文に書かれた「アジアの民主主義安全保障ダイアモンド」はいよいよ実現に向けて動き出しています。

同年７月、アメリカは空母「ロナルド・レーガン」と「ニミッツ」の２空母打撃群が南シナ海で軍事演習を実施したことを発表しました。米空母２隻が南シナ海で演習を同時に行ったのは２０１４年以降では初めて、２００１年以降２回目です。演習には今後、アメリカだけではなく、オーストラリアも参加する予定です。

８月、ビリングスリー米大統領特使が、米軍の対中国ミサイルである中距離弾道ミサイルの日本配備を示唆《しさ》しました。すかさず、中国の軍事専門サイト「新浪軍事」が

空母「ロナルド・レーガン」

空母「ニミッツ」

「アメリカが日本に中距離弾道ミサイルを配備すれば大きな災いがやってくる」という趣旨の中国軍事評論家の評論を掲載して、日本の左翼勢力も騒ぎ始めましたが、これは日本の国防にとっては願ったりかなったりでしょう。中国の主要基地を射程に捉える軍事力が具体的に存在することになりますから、抑止力がさらに強化されることになります。

また、同じ8月には、ヒマラヤ山脈の高地、インドのラダック地方パンゴン湖周辺で中国とインドの軍が衝突しました。世界が新型コロナウイルス禍にある中、中国は火事場泥棒的にこうしたことを行っています。

前出の石平さんとの対談本『ウィズコロナ 世界の波乱 日本は民度の高さで勝利する』の中で、石さんは、《本来ならば、中国の指導者が多少でも冷静であれば、あるいは多少でも戦略的マインドがあるならば、アメリカという強敵と戦うときに、絶対にインドを敵に回さないですよ》と述べています。さらに、《まずインドを敵に回したことがどうなるかというと、南シナ海において、インドも、オーストラリアも、アメリカと歩調を合わせて、中国の拡張を封じ込めに向かうわけです》としています。

地政学的に見ても、国土の大きさにしても、インドは、中国の一帯一路構想の柱のひとつでした。今まで一帯一路構想で行った融資の4割がインドに対してのもので、今回、それがチャラになった、と石さんは指摘しています。そして、石さんの次の話は、今日本にある危機の本質を言い当てていると思います。

《習近平は、もう頭がおかしくなっていると見たほうがいいよ。そうなると、逆に危険かもしれない。冷静な指導者ならば簡単に戦争に踏み込むことはしませんが、彼は違います。北朝鮮よりも危険です。金正日には狂気を演じる理性がありましたが、習近平には狂気しか感じません。今後、南シナ海、あるいは台湾海峡、さらには尖閣周辺で事を起こす可能性も充分にあります》

日米安全保障条約が今後ますます重要になるのは、具体的で深刻な危機が日本の目前に存在するからです。と同時に、日本に対する大きな国際社会の期待があるためです。

新型コロナウイルス禍については、日本が伝統的に育んできた自然との共存、清潔ということに対する意識、もちろんそこには批判もあるものの一致団結して事にあたる共同体意識などを背景にした、現実として死亡率の低い日本の状況に世界の注目が集まっています。日本がいろいろな面で手本を提供できる存在であることは間違いないでしょう。

米中新冷戦と呼ばれる事態にしても、中心になって対峙するのはアメリカと中国であるにせよ、日本もまた当事者であり、最重要プレイヤーです。アメリカは韓国に対してはすでに事実上の戦力外通告を出しています。韓国が対中戦略のプレイヤーとなる可能性はもはやゼロに近く、アジアにおける日本の重要度は高まるばかりです。

コロナショックと対中冷戦で日本が覚醒することを、私ばかりでなく、中国と北朝鮮を除いたアジア諸国、そして世界各国が望んでいるのです。世界は強い日本を望んでおり、日米安全保障条約に基づく日米同盟は、強い日本が実現した時に初めて完成し、それによって世界は初めて安定すると言えるのです。

ケント・ギルバート
YouTube　ケントチャンネル
https://www.youtube.com/channel/UCkRaXYnq-O_b82Yz_ASRLwA

ケント・ギルバート独自の目線から政治、文化に関する情報を動画にしてお届け！　10万人以上が視聴しており、内容もさることながら動画に寄せられる視聴者コメントも必見です。是非ご登録ください。

オンラインサロン　http://www.kentgilbert.com/salon

私は2014年からブログや新聞、雑誌等で政治問題などの意見を発信するようになりました。思い切って本音や皮肉や冗談も書いてみたら、とても反応が良かったので、最近はすっかり楽しんでいます。テレビのコメンテーターをやってた時代に、私は日本のタブーを教わりました。現在、数十万人の人が私のTwitterなどを見てくれていますが、不特定多数に向けた媒体で発言できる内容や書ける話題には限界があります。会員制サロンであれば、そのような話題にも包み隠すこと無く踏み込めますし、メンバーの方からもテーマを募って、さらに本音の私をぶつけて行けいけるコミュニティにしていきたいと思います。楽しいメンバー特典もたくさんありますので是非楽しんでください！

ケント・ギルバート

1952年、米国アイダホ州生まれ、ユタ州育ち。70年、米ブリガムヤング大学に入学。翌71年、初来日。経営学修士号（MBA）と法務博士号（JD）を取得したあと国際法律事務所に就職、企業への法律コンサルトとして再来日。弁護士業と並行し、83年、テレビ番組『世界まるごとHOWマッチ』にレギュラー出演し、一躍人気タレントとなる。2015年、公益財団法人アパ日本再興財団による『第8回「真の近現代史観」懸賞論文」』の最優秀藤誠志賞を受賞。DHCテレビ『真相深入り！虎ノ門ニュース』などに出演中。
近著に『性善説に蝕まれた日本情報に殺されないための戦略』（三交社）『天皇という「世界の奇跡」を持つ日本』（徳間書店）『私が日本に住み続ける15の理由』（星雲社）『世界は強い日本を望んでいる 嘘つきメディアにグッド・バイ』（小社刊）『プロパガンダの見破り方日本の「本当の強さ」を取り戻すインテリジェンス戦略』（清談社Publico）『日本人が知らない朝鮮半島史』（ビジネス社）などがある。

強《つよ》い日本《にほん》が平和《へいわ》をもたらす
日米同盟《にちべいどうめい》の真実《しんじつ》

2021年2月10日　初版発行

著　者　ケント・ギルバート

構　成　尾崎克之
構　成　大熊真一（ロスタイム）
装　丁　木村慎二郎
編　集　川本悟史（ワニブックス）

発行者　横内正昭
編集人　岩尾雅彦
発行所　株式会社 ワニブックス
〒150-8482
東京都渋谷区恵比寿4-4-9 えびす大黒ビル
電話　03-5449-2711（代表）
03-5449-2716（編集部）
ワニブックスHP　http://www.wani.co.jp/
WANI BOOKOUT　http://www.wanibookout.com/
WANI BOOKS News Crunch　https://wanibooks-newscrunch.com/

印刷所　株式会社 光邦
ＤＴＰ　アクアスピリット
製本所　ナショナル製本

定価はカバーに表示してあります。

ISBN 978-4-8470-7011-2